10年後に後悔しない

住まいの新常識101

長井純子 著

X-Knowledge

気付けば「住まいと暮らし」がライフワーク

家との出会いを自己紹介に変えて

本書を手に取っていただき、ありがとうございます！ この本は「住まいと暮らし」をライフワークに、女一人で鎌倉の古民家に住む、元住宅情報誌編集長の実体験に基づく本音アドバイスをまとめた初めての著書です。

「住まい」というテーマとの出会いは社会人スタート時、たまたま配属されたのが住宅部門だったので、実は偶然です。売買・賃貸・注文建築・リフォームなど様々な分野の情報誌を担当し、都心マンションからリゾート物件まで日本全国に飛び、最先端の住宅事情を取材させてもらえる恵まれた環境。家と人との運命の出会い、多様な住まいや暮らしの在り方はまさにリアルなドラマで、ワクワク感と奥深さにどんどん魅せられていきました。フリーランスとして独立後も住宅一筋、プライベートでも建物探訪や住まい相談、気付けば住まいと暮らしがライフワークの家好きになっていました。

これまで住んだ家それぞれが、今の自分に繋がっています。転勤族だった父の社宅で生まれ育ち、両親が選んだいまの実家に引っ越したのが高校時代。この時の社宅脱出の喜びが私を「持ち家派」にしたようで、20代後半での都内マンション購入を皮切りに、2回の住宅購入と3回のリノベーションを実施。仕事柄情報は豊富ですが、当事者になってみないとわからないことも、多々ありました。最初に購入したマンションは、バブル崩壊直後に買い時だと判断したものの、その後も不動産価格は下がり続けて今は半額以下に。単純に価格面だけみれば大失敗なのですが、振り返るとここから得たものも多いのです。当事者として読者目線になれたことは情報発信の仕事で大いに役立ち、長く住む中で成功も失敗も含めて自分の家でチャレンジでき、若くして背負ったローンは辛い時に踏ん張る砦になりました。いまの住まいやライフワークも、あの時の決断や経験があってこそ。まさに運命を変えた選択であり、何が幸いするかはわかりません。

理想を叶えるには予算が足りないというお悩みや、物件価格や金利の上昇を嘆く声もありますが、予算さえ豊富なら満足な住まい選びができるとは限りません。本当に必要なものを見極めれば、選ぶ住まいもタイミングも人それぞれに。人生百年時代、一度購入した家に住み続けることが幸せでもなく、その時の理想の暮らしができる場こそが大切なのです。

世の中の「当たり前」も時代とともに変化して、住まいの形も多様化しています。躓く前のアドバイス、立ち止まった時の新たな選択肢の提示、選び方や暮らし方のヒントなど、伝えたいことが多すぎて気付けば101項目に。この本がこれまでの常識や固定観念にとらわれず、変化を起こし自分らしい住まいや暮らしに出会うための一助になれば幸いです。

目次

2章 実践！物件選びのノウハウ

↓探し方・比べ方・決め方

3章 こだわりをカタチにする方法
↓注文建築・リフォーム・リノベーション

4章 住まい方・暮らし方をひと工夫
もっと自由に、自分らしく

ブックデザイン／米倉英弘（細山田デザイン事務所）
イラスト／平尾 香
写真撮影（5章事例）／大社優子
間取り図作成／ヤマサキミノリ
DTP／竹下隆雄（TKクリエイト）
印刷／シナノ書籍印刷

※本書（1〜4章）記載の情報は2024年7月現在のものです。
※5章掲載の写真・情報は取材時期（2021〜23年）のものです。

5章 理想の住まい事例集

↓暮らし上手のご自宅拝見！

1章

住まいの基礎知識を最新化しよう

↓トレンドや情勢にアンテナを立てる

新常識
001

住まい選びで運命は変わる！

↓いい出会いは、自分と向き合い行動することから

「いい家」に巡り合うために必要なのは、運や知識だけではありません。もちろんお金さえあれば理想が叶うわけでもなく、実は自己理解が最も大切なのです。「誰と、どこで、どんな暮らしをしたいか」という理想は個人やタイミングによって異なり、正解はひとつではありません。自分が欲しいものがわからないとチャンスが来ても掴めず、目標が定まらないと動き方も非効率になり、情報に振り回されたり、選択を間違ったり……。

住まい選びの一連の行動は、仕事のプロジェクト進行や自己研鑽の修行のようでもあります。自分自身の価値観と正面から向き合い、予算という現実との兼ね合いで理想像を定め、目標に向かって行動して、最終決断を下す。同居家族がいる場合、自身だけでなく家族のニーズの擦り合わせも必須です。理想の家・理想の人生を明確にイメージして、具体的に行動して選択し、その住まいで暮らすというプロセスから変化は生まれるのです。

断捨離や収納術で一時的に部屋を整えても、習慣として身につかないとリバウンドしがちです。課題と正面から向き合って家や環境を変えることは、生活習慣ごと根本的に解決するチャンスです。誰しも過去を変えることはできませんが、未来は自分で変えることができます。今変えたい現状があるなら、行動を起こすことから運命を切り拓きましょう。

新たな環境なら新習慣も創り出しやすい

一日の三分の一を費やす睡眠環境が重視されるように、一日の大半を過ごす住環境の影響は絶大。片付けが苦手な私も、自分にあった収納計画で悩みを根本解決。来客が増えた、早寝早起きになった、ヒールのある靴をやめてよく歩く、など変化は数えきれない

新常識
002

「自分らしい」こだわりの家を選ぼう

↓既成概念や一般論にとらわれると没個性になる

家は住む人の価値観が詰まった、究極の自己表現です。私が「いい家」だと思うのは豪邸などではなく、その人らしさが感じられるこだわりのある家です。しかしこの「自分らしい家」にたどり着くまでには、沢山の落とし穴があります。

「大きな買い物だけに、失敗できない」と、大きなプレッシャーがかかります。各方面にアドバイスを求め、にわか勉強をして、情報過多で逆に決心が揺らぐことも。「資産価値が下がらないのは駅近く」「個性的な間取りは売りにくい」「傾斜地は危険」など、全て一般論としては正しいのです。しかし、外野の意見や既成概念にとらわれていると決断できません。待っているのは、没個性の「無難な物件」や、手が出ない「予算オーバー物件」です。

予算が限られているからこそ、こだわりの凸凹を受け入れることが個性になります。総中流で横並び意識が高いと言われる日本人は、まだまだ大きな決断となる衣食住の「住」に関しては保守的です。しかし、知識としての一般論は必要ですが、条件がいい物件は人気で金額も高いもの。ワクワク暮らすことのできるこだわりは大切に平均点の高さでなく一点豪華主義で希望条件の優先順位を上手に見極め（P54）、自分にとっての「お宝物件」（P60）を探しましょう。

一般論は正しくても「落とし穴」もあり

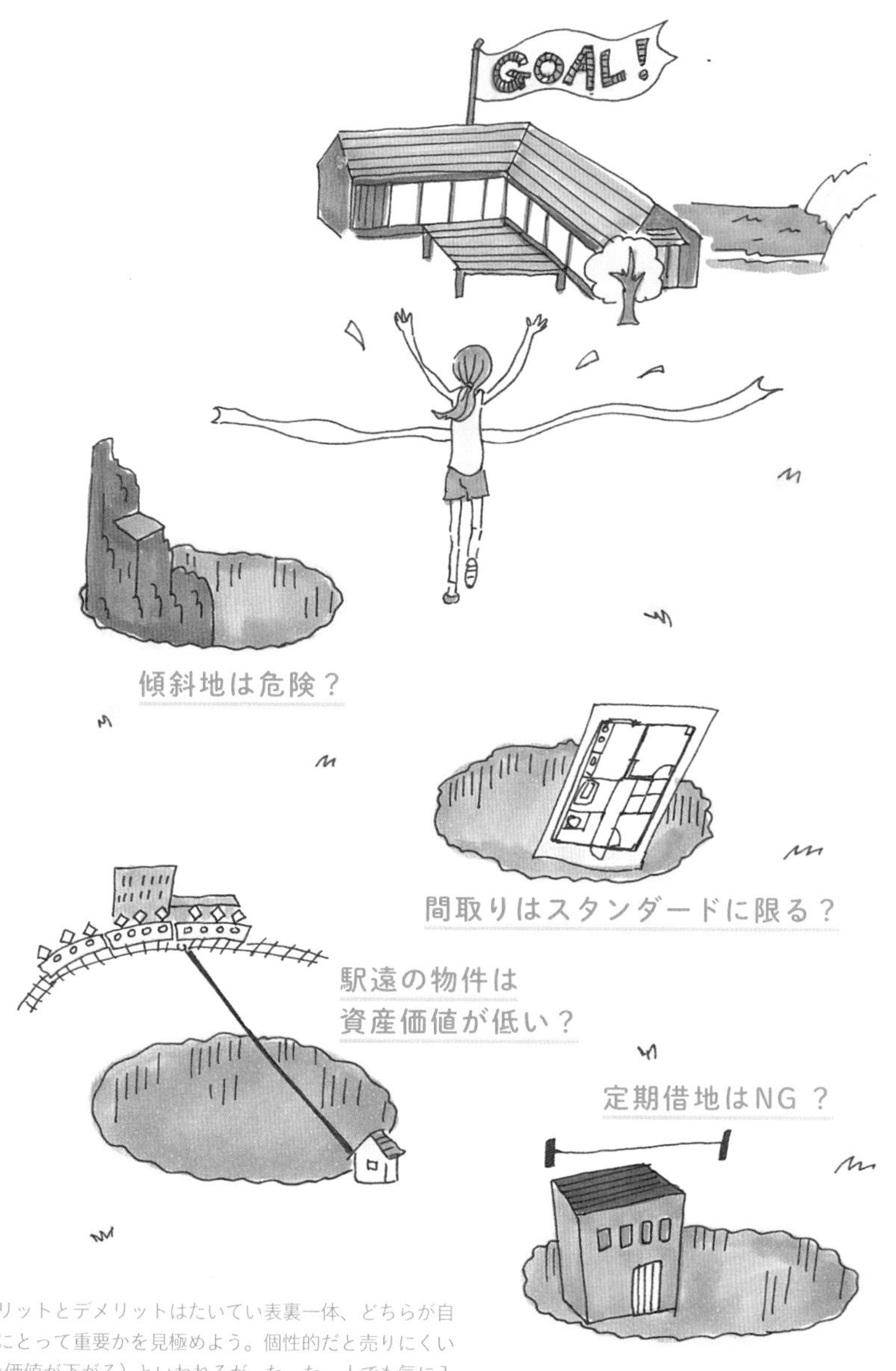

メリットとデメリットはたいてい表裏一体、どちらが自分にとって重要かを見極めよう。個性的だと売りにくい（＝価値が下がる）といわれるが、たった一人でも気に入る人がいれば売れるのも事実。一般論重視の没個性物件は、将来差別化できず売れない可能性もある

新常識

003

ズバリ、買い時はいつ？

↓買えるなら今！ タイミングは自分軸で決める

買い時とは金利動向、不動産相場、供給予定など市況予測をイメージしがちですが、それ以上に重要な3条件があります。まずは、「タイミング」。「子供の誕生・入学・独立」「就職・転職」「結婚・離婚」などのライフプランやイベントで、最適なタイミングは変わります。次に、「出会い」。不動産は唯一無二だけに、ライフプランや市況に背中を押されても、希望通りの物件との出会いがあるとは限りません。最後は「資金」。理想と予算が乖離していたり、ローンが組めなかったり、資金調達ができなければ買うことはできません。

住まいと人との出会いはまさにドラマ、運命で決まっているのかのようです。買いたいと思う「タイミング」で、心ときめく物件との「出会い」があり、ローンが通って「資金」が調達できて実際に買える。この3つが揃ってこそ、買い時。住宅ローン金利は上昇傾向とはいえ、長期スパンで見ればまだまだ低水準。建築資材、人件費、エネルギーコストの高騰により、住宅価格は今後更に上がりそうです。だからこそ、買いたい物件が買えるなら、まさに今が買い時。逆に3条件が揃わなければ、まだ準備期間なのかもしれません。

買い時は、人それぞれ異なります。この本をヒントに、市況や周囲に流されず、自分軸で考えて、行動して、運命の出会いを！

きっかけはライフイベントや市況変化

ライフステージの変化

金利が上昇する前に…

建築費が上昇…

結婚や子供の誕生、逆に子供の独立や離婚など、ライフステージによって同居家族は増減し、それに伴い最適な住まいの形も変わる。子供が転校しないですむよう入学前に引っ越すなどあらかじめ計画できることもあれば、金利や建築費の上昇トレンドなど市況変化に背中を押されることも

新常識
004

「住宅すごろく」は、昭和のまぼろし

アガリは新築一戸建てから世代を越えた共生住宅へ？

「住宅すごろく」をご存知ですか？　新婚で賃貸アパート、子供ができて広めの賃貸、出世してマンション購入、そのマンション売却益で庭付きの新築一戸建てを購入してアガリ。実に昭和の時代の住まいのステップアップストーリーで、「持ち家志向」「不動産は右肩上がり」「マンションより一戸建て」など、人口も経済も右肩上がりの高度成長時代ならではの思考と土地神話がベースでした。

しかしその後の日本経済は山あり谷あり、価値観も激変しました。右肩上がりだった住宅価格はバブル崩壊で暴落（私のマンションも購入時の半額以下に）、無理な住宅ローンは破綻し多くの悲劇を生みました。夢だったはずの郊外の庭付き一戸建ては、老朽化や高齢化から空き家となって新たな社会問題になっています。

人生百年時代、いまのゴールが新築一戸建てではないのは確かです。その先にも、利便性優先で駅近のコンパクトマンションに買換え、持ち家を卒業して身軽に賃貸、田舎暮らしにシフト、元気なうちにケア付き高齢者住宅……など更に沢山の選択が続きます。終の住処と思っても、まだまだそこからが長いのです。時代によって状況も選択肢も変化するので、情報には敏感に、フレキシブルに、住まいと付き合いたいものです。

アガリの形は人によって違う

小さなマンションで
コンパクトライフ

田舎で畑いじり

海外で悠々自適

地域で仲間や
若者と共生

人生百年の令和版のアガリは海外か共生住宅か…、ゴールは一つでない可能性も。高齢化社会で単身者も増加する中、老々介護でなく若者や地域と共生する住まいが私の理想。同じ部屋でも高齢者は高く若者は安く、料理が得意な人が食事をふるまい、庭仕事は若者が、などお互いができることを自然に助け合い、凸凹をカバーして共生する形を考えたい

新常識
005

昨日までの常識も急変する

↓コロナ禍の教訓、周囲に流されず自分の選択眼を持とう

コロナ禍によって、暮らしの変化を実感した人は多いでしょう。緊急事態宣言下のステイホームでリモートワークが全国一斉に浸透し、急速に意識改革が進みました。住まい選びにおいては、最優先されてきた「通勤時間」から解放され、職住接近で二の次になっていた住まいの質や環境重視の選択に。「地方移住」「二拠点・多拠点生活」が急増し、新しい注目エリアでは物件不足や価格上昇などの影響も出ました。

このコロナ禍の体験には、重要な教訓があります。第一の学びは、絶対的縛りであった「通勤時間」がリモートワークで変わったように、昨日までの常識が突然翻ることもあるということ。常識だからと鵜呑みにせず、自分自身の価値観での判断が大切なのです。第二の学びは、ブームを先取りすることの重要性です。ブームの後のりでは同じ条件の人が一斉に動いて理想の住まいに巡りあえる確率も下がり、移住したとたん出社が増えたという話も。

リモートワークと出社併用のハイブリッド型など、今後の勤務形態やバランスは会社や職種によって様々。会社の方針に振り回されないためにも、住まい選びは自分の価値観で。自分軸の選択であれば、通勤時間が増えても暮らしの質が上がったことの方に価値を感じます。判断基準が自分か会社か、周囲に流されていないか、この差が大きいのです。

「通勤」「対面」という常識の崩壊

かつては勤務先の所在地を基準に「通勤〇分圏内」、と住むエリアを決めるのが常識。遠方に住むフリーランスも、毎回打ち合わせのために現地に出向いていた。いまは「ご挨拶」「顔合わせ」はもちろん、「打ち合わせ」「会議」までオンラインですみ、メリットは大きい。この本の担当編集者さんとの直接対面も、初回打合せから1年以上たった事例取材時だった

新常識
006

住まいのトレンドも繰り返している

↓ バブルと不況、都心と自然回帰、住宅性能は着実に進化

ファッションの流行が繰り返すと言われるように、住宅業界でもトレンドがあります。大なり小なりのバブルの波を目の当たりにし、戦争やテロ、疫病、災害、リーマンショックなどで突然風向きが変わる体験も。人気エリアも郊外から都心に移って大規模開発が進み、職住接近と言われたり、二極化して地方移住や多拠点暮らしでまた分散したり。

景気のアップダウン、都心と郊外、マンションと一戸建て、インテリアのテイスト……、ファッションとはスピード感が違うものの、住まいの流行も緩やかに繰り返されています。そんな繰り返しのなか、確実に進化を続けているのが住まいや設備の性能です。たとえば輸入住宅の断熱性能に優れた窓、無垢のフローリング、床暖房……。かつて憧れたものの手が届かなかった設備や建材も、開発・普及が進みコストダウンされて、一般住宅でも採用できるように。建替えやリノベーションなどで久しぶりに家づくりに関わって、性能面の進化や住み心地の向上に驚く人も多いのです。

住宅トレンドだけでなく、残念なことに災害も大きなサイクルで繰り返されています。目先を追うばかりでなく、安全・快適に暮らすための教訓は風化させてはいけません。積み重ねた歴史に学び、敬意を払い、俯瞰して、最適な選択に活かしたいものです。

景気も土地価格もアップダウンする

主な都市における土地価格推移

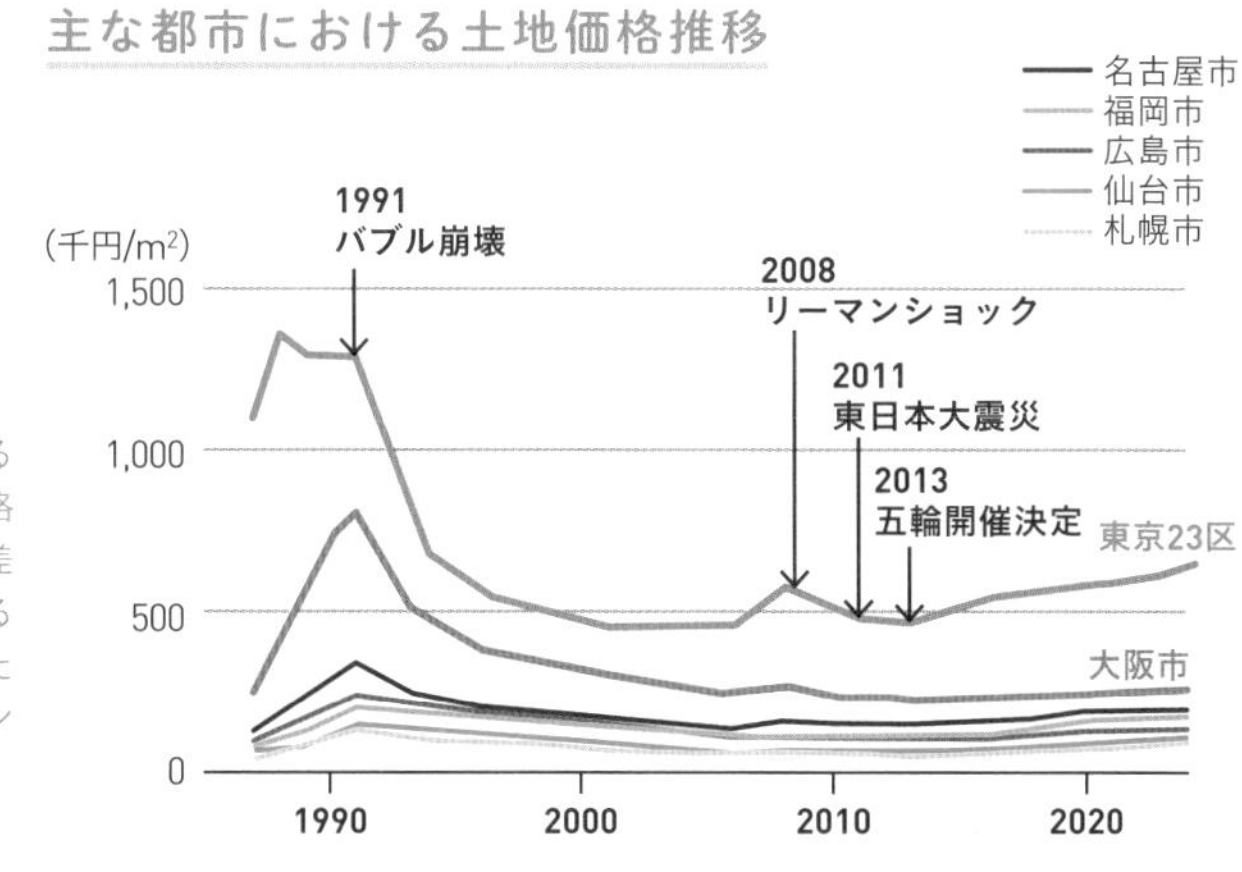

国土交通省が毎年発表する公示地価の住宅地平均価格（1㎡あたり）。地域ごとに差はあるものの、長期でみると下の日経平均と連動したタイミングでアップダウンしている

出典：令和6年地価公示（国土交通省）

日経平均株価の長期推移

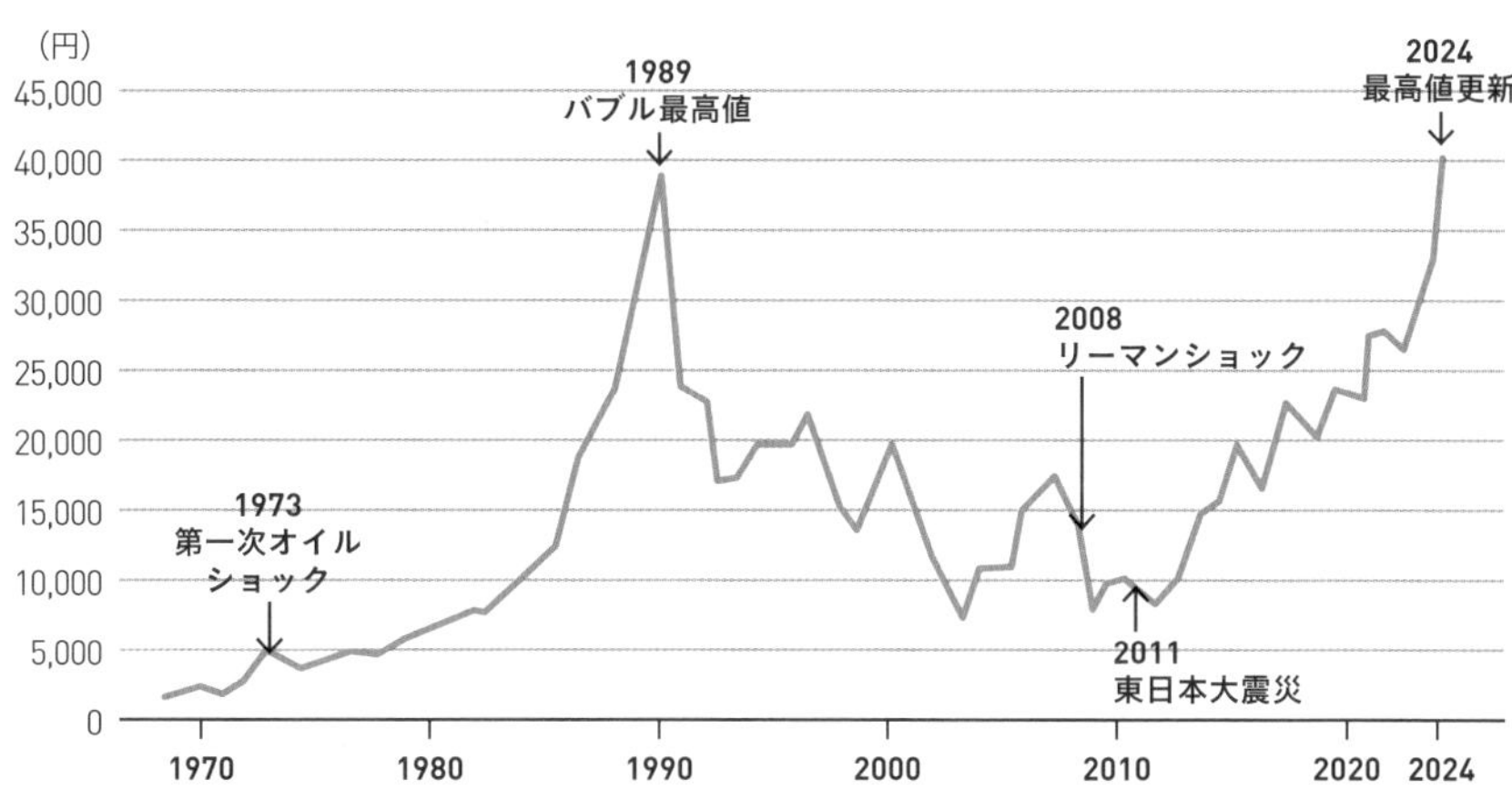

景気の指標である日経平均株価が右肩上がりの時、不動産価格も上がる。長期で見ると上がり続けた90年代のバブル大崩壊ほどではないものの、その後もアップダウンを繰り返しているのがわかる。私の初めてのマンション購入は、バブル崩壊直後で価格がまだ高く、しかも変動金利7%台という超高金利時代だった

新常識
007

資産価値より大切な居住価値

↓不動産は値上がりすれば万々歳とは限らない

不動産購入の際、誰もが重視する「資産価値」。資産価値が上がる（下がらない）ことは、もちろん大切な視点ですが、そもそも不動産の価値とは何でしょう?

日本では特に都市部において土地が高いため、土地評価割合が高く、建物評価が低い傾向があります。土地の評価方法は、利便性や居住環境・安全性に基づき市場で取引される「実勢価格」をはじめ、売買や相続などの目的に応じて複数あります（左表参照）。共通して東京の都心3区など一等地は高く、地方や山間部は安く、市況によって上下します。

自分や家族が安心安全で幸せに暮らすための「自宅」は、そもそも頻繁に売買を繰り返し複数所有する「不動産投資」とは異なります。たとえ価値が上がっても、買い替え先の周辺相場も同様に上昇していれば、ステップアップできるとは限りません。評価が上がるとそれに応じて各種税金も高くなり、相続時に次世代に引き継げないなどいいことばかりでもないのです。未来の売却や相続で問われる資産価値より、重視すべきなのは現在の「居住価値」。日本の不動産は中古になると価値がガクンと落ちますが、欧米では建物に手を入れて買った値段より高く売ります。景気任せの未来予測や客観的評価に縛られず、自分軸の居住性重視で選び、住まいや街の魅力を磨き、自ら価値を高めていきたいものです。

土地の価値はどう評価する？

各種土地評価と使用目的

各種土地価格は、長期に渡り定期的に同じ地点を調査。これにより地価変動や地域による違いなどのトレンドを把握することを目的としている

実勢価格	実際に取引された価格や周辺事例から推定した、いわゆる時価。利便性や居住環境・安全性に基づき、個別要因により変動幅が広い。最新の流通物件情報は不動産ポータルサイト、過去の不動産取引価格情報や成約価格情報は国土交通省「不動産情報ライブラリ」も参考に
基準地価	各都道府県が毎年7月1日時点における都市以外も含む基準地1㎡当たりの価格を9月に発表。都道府県のサイトのほか、国土交通省「不動産情報ライブラリ」でも閲覧可能
公示地価	国土交通省が適正な地価の目安として、毎年1月1日時点における都市部の標準地1㎡当たりの価格を3月に発表。国土交通省のサイト「不動産情報ライブラリ」で閲覧可能
路線価	相続税や贈与税の算出のために使われる、いわゆる相続税評価額。国税庁が毎年1月1日時点における標準地の価格から土地が面している路線ごとの1㎡当たりの価格を算出し、7月に発表。国税庁ホームページで閲覧可能
固定資産税評価額	土地及び家屋所有者が納める毎年の固定資産税や都市計画税、取得時の不動産取得税などの算出に使用。市町村によって3年ごとに評価替えされ、毎年の納税通知書または役所の固定資産台帳で確認可能

公示価格を基準にした各評価額の目安

土地の実勢価格は、個別の諸条件でかなりの幅があるものの、公表されている「公示地価」や「基準地価」が目安となる。これらが更地として算出されていることを考慮して、実勢価格の目安をその1.1倍として単純計算。実勢価格は「路線価」÷0.88、「固定資産税評価額」÷0.77で概算できる

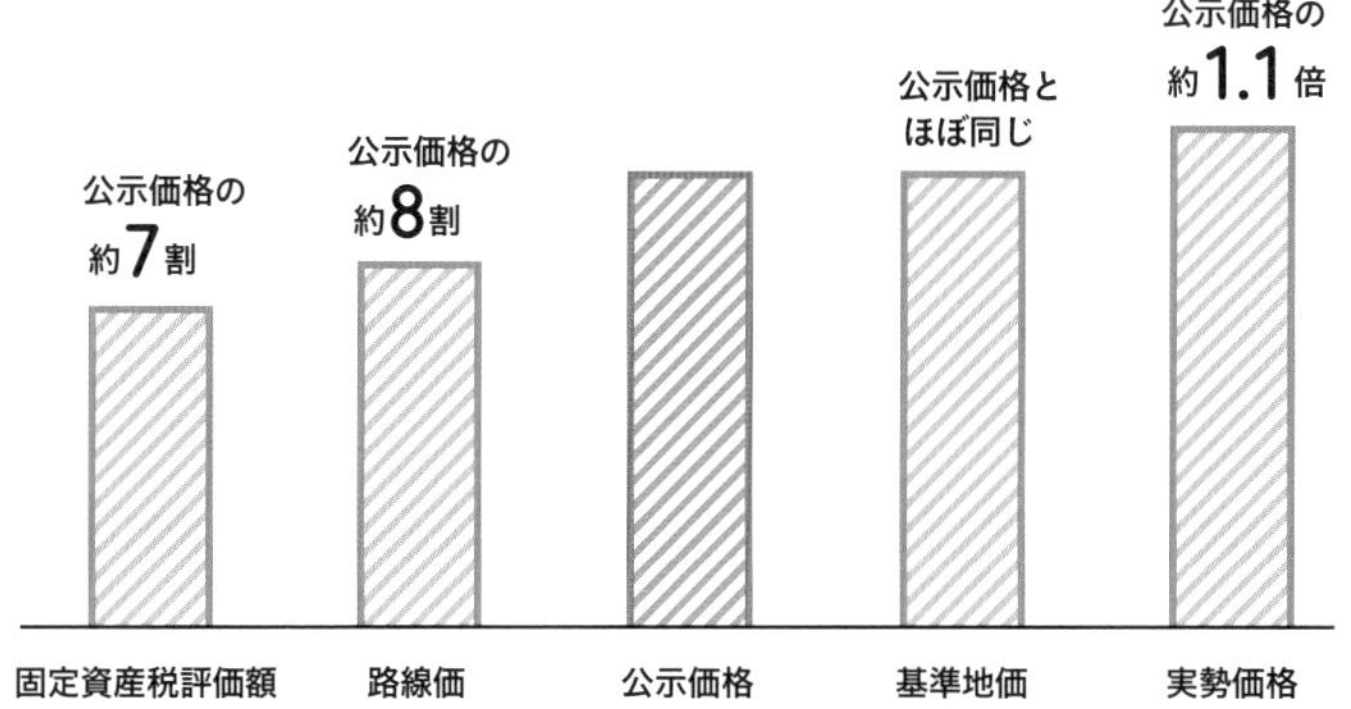

「新築」VS「中古」、価格差に理由あり

↓日本人は新築好き、中古+リノベも増加中

新築と中古、同条件の立地や広さであれば、価格以外に何を比べますか？ 新築の魅力は、間取り・設備・性能の最新提案を盛り込んだ物件がスムーズに手に入ること。モデルルームを見て、間取りや設備のオプションをカタログから選び、完成形もイメージしやすい。提携ローン、インテリア、内覧会など、契約から入居まで計画されています。

中古の最大の魅力は、やはり価格面のお得感です。そもそも新築の定義は、工事完了後1年未満、かつ未入居のもの。1年以上経つと「未入居」、一年未満でも住めば「中古」に。土地評価額が上がれば新築時より中古価格が上がるものの、建物価値は新築時をピークに下がる一方です。同じ立地条件であれば、建物価値が低い中古が断然安くなるのです。

価格差は、進化が著しい設備・仕様・性能面に顕著に現れます。キッチンやバス・トイレなどの設備は使用感も出やすく、見た目の違いもわかりやすい。マンションは各戸の玄関ドアや窓サッシが原則共有部扱いで変更できないため、リノベーションしても新築のワイドスパンのハイサッシ窓と比べると小さく暗く感じるでしょう。断熱性能も進化しているため、住んでからの冷暖房効率にも差が出ます。建物性能面では、耐震基準が改定される1981年（昭和56年）までに建築された、いわゆる「旧耐震マンション」か「新耐震」

建物価値は新築時をピークに減る

建物の減価償却のイメージ

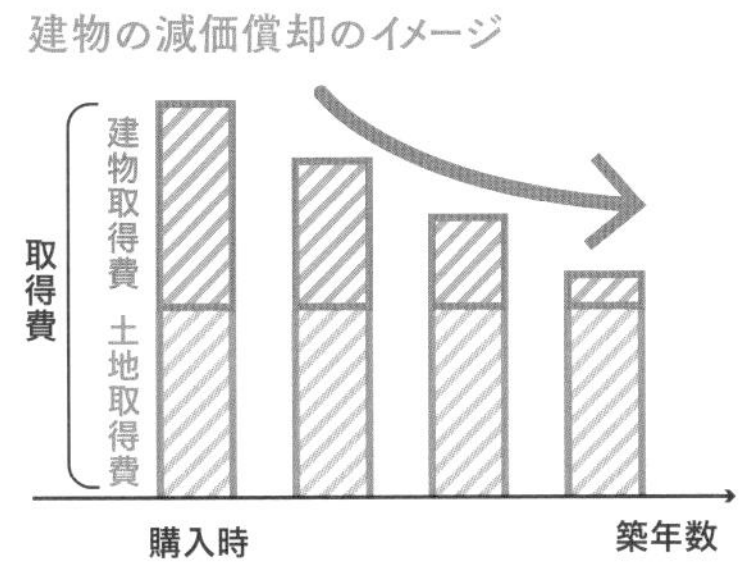

土地の価値が変わらなくても、建物の法定耐用年数は鉄筋コンクリート住宅47年、木造住宅22年で新築時をピークに減価償却されていく。戸建ては築20年過ぎると土地値と言われ、私の築100年の古民家も固定資産上ではほぼ価値なしだ

既存住宅流通シェアの国際比較

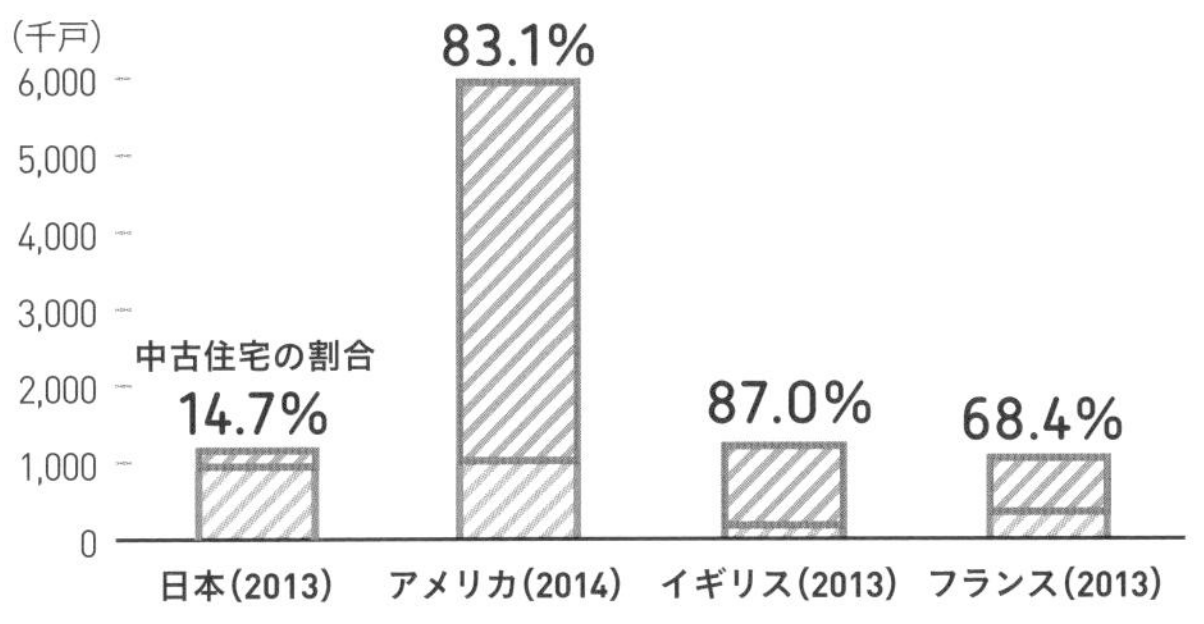

日本の住宅流通は新築がメインで中古は14.5%。中古流通が主流の欧米に比べて極めて低く、これも建物価値が評価されにくく土地評価に偏る一因といえる（出典：住宅土地統計調査・平成30年版）

かがひとつの価格の分かれ目です。

日本人は新築好きといわれますが、最近は新築物件の価格上昇が続いていることもあり、割安の中古マンションや一戸建てを自分好みにリノベーションするケースも増えています。中古物件は、現地の環境や物件そのものの現状を実際に確認した上で選べるのもメリットです。

新築であってもグレードは様々、中古も古くなるほど施工や管理、リフォーム歴など個別事情が価値に大きく関与してきます。

なお価格を比べる際は、物件価格だけでなく、諸費用やリフォーム代などを含めた総支払額で。中古は仲介手数料（物件価格の3％＋3万円＋消費税が上限）が必要な場合が多いのに対し、新築は基本売主である不動産会社から購入するので不要。さらに住宅ローンや税制面でも、住宅性能に優れた新築の方が条件面で有利。単純な価格比較ではなく、総合的な価値判断が重要なのです。

新常識
009

「買う」VS「借りる」論争に終止符

↓総支払額の損得計算に頼らず、心の自由度で選ぶ

「買う」VS「借りる」は、何十年も繰り返し議論されている普遍的テーマ。家賃と月々のローン支払い額の比較、生涯総支払額のシミュレーションなどで損得が論じられがちです。いまから同じマンションの同等の部屋に30年住み続けると仮定して、賃貸と購入で比較すれば低金利の今は買った方が得でしょう。しかし30年は長く、予期せぬ環境変化が起こりうるのが現実。シミュレーション金額も金利や市況などの前提条件しだいで大きく変わるので、机上の損得勘定は参考程度にしかなりません。

賃貸派は、いまや「買いたいけれど買えない」層だけではありません。家やローンに縛られたくない、海外移住など将来の目標がある、引っ越し好き、会社の家賃補助利用など、理由は様々。予算が潤沢な人でも、プライバシー重視で引っ越しやすい「賃貸派」、自分の城をつくりあげる「持ち家派」に分かれます。どちらに価値を感じるかは、個人の考え方やタイミング次第。更に持ち家を貸して、よりフィットする賃貸を選ぶハイブリッド型、持ち家を売って賃貸派になる卒業型など、どちらかに固定するものでもありません。

私はシングルで家が相棒だから、いまは家に手を入れて長く付き合う購入派。しかし、賃貸派の自由かつ変化に富むライフスタイルにも憧れます。

あなたは持ち家派？ 賃貸派？

賃貸なら、気になる街を渡り歩き、個性的なデザイナーズや絶景の部屋など思い切った冒険もしやすい。ローンや家に縛られることなく、暮らしのサイズアップもダウンも容易。一方、家賃を払い続けても、自分の持ち物として自由にはならない

持ち家派は、自分の城を手に入れた満足感、根をおろす場所を得た安心感大。自由にDIYなどで手を入れることで、ますます住まいへの愛着もわく。一方でローンを背負う負担感や、容易に住み替えもできず家に縛られるプレッシャーあり

新常識
010

住まいのゴールは購入ではない！

↓賃貸の仕組みや制度は進化中、一生賃貸も出戻りもアリ

今まで取材した賃貸住宅は、風呂なしアパートから月額３００万円超の都心タワーマンションまで、バリエーション豊富です。吹き抜け天井とコンクリート打ち放しのいわゆる「デザイナーズマンション」の流行も賃貸が発祥、大胆かつ斬新なプランも多いのです。「賃貸は釘さえ打てない」と言われますが、ＤＩＹブームの後押しもあり自らカスタマイズできるなど物件の選択肢も増え、跡がつかず原状回復しやすい壁紙や棚などのＤＩＹグッズの進化で、自由度は増しています。「年をとると家は借りられない」という常識にも変化の兆し。住宅確保要配慮者（高齢者、障がい者、子育て世帯など）の入居を拒まないセーフティネット住宅の促進、高齢者向け部屋探しサイト、生活相談や見守りサービス、地域包括支援センターとの連携や保証人代行など、高齢化社会に対応した仕組みも進化中。

車も「いつかはセダン」が、エコな軽自動車や所有に拘らないカーシェアに変わる時代。住まいのゴールは、購入ではなく自分らしく暮らすこと。特に住まいで冒険をするなら、賃貸の方がリスクは少ない。様々な街や物件に住むことで経験値は上がり、万が一失敗しても次へのステップも身軽です。ただし、転居時には敷金、前家賃、原状回復費、引っ越し代など出費が嵩みます。賃貸派だからこそ、変化に備えた貯蓄はお忘れなく。

賃貸でもDIY可能物件が増えている

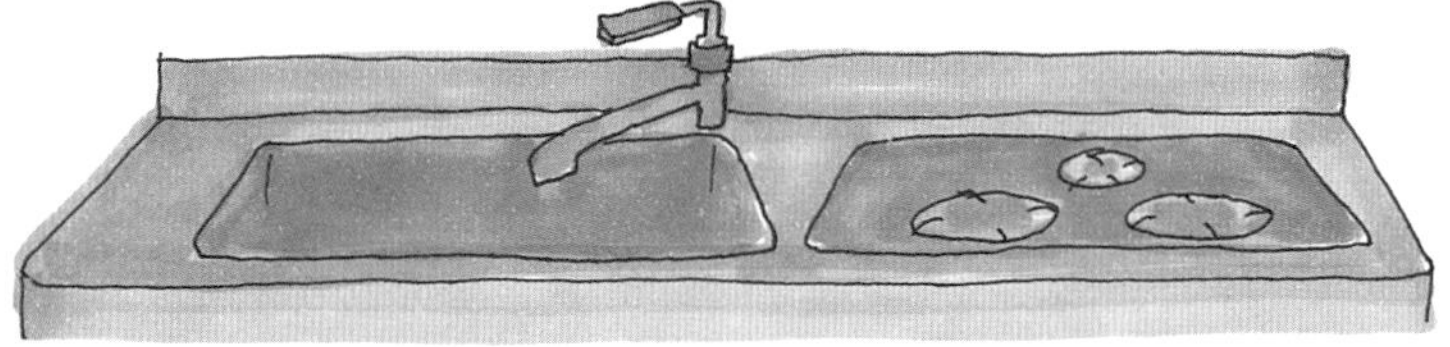

有孔ボードDIY

壁の一面がペンキ塗りや釘打ちOKのカスタマイズしやすい新築の部屋から、構造や躯体に関わらなければ間取り変更や床の張替も可能な部屋、古いので原状回復不要など、オーナーや物件によってさまざまなレベルのDIYの交渉可能な物件が増えている。インターネットでDIY可能物件の検索も可能

突っ張りラックでDIY

DIYブーム（P156）に伴って、壁に釘を打たず棚が作れる突っ張りウォールシェルフ、簡単に剥がせて跡が残らない壁紙など、一般賃貸でも原状回復しやすいアイデア商品が多数登場。手を掛けることで、賃貸でも愛着が沸いて長く住む、後輩に受け継ぐ、などの好循環も

DIYの道具もいろいろ

新常識

011

気になるエリアは「お試し居住」

↓実際に暮らしてみて、住み心地と物件をリサーチ

いつか住みたいと思っているエリアがあれば、いきなり購入するより「お試し居住」がお勧めです。早朝散歩、日常の買い物、通勤通学、夜遊びまで現地でフルに過ごすことで、頻繁に訪れていてもわからない生活の場としての顔が見えてきます。同じ駅でもエリアによって、街の雰囲気や住人の気質も違うもの。イメージが違ったと、住んで一年未満で近場に引越す友人もいますが、購入だとそうはいきません。特に物件が少ない人気エリアは、まずは賃貸で住みながらじっくり探すほうが、満足度の高い家に出会える可能性大です。

いまはホテルや旅館以外の滞在バリエーションが豊富です。契約方法や種類も様々で、家具付き賃貸や週や月単位の契約なら、二拠点生活もスタートしやすいでしょう。シェアハウスなら共同生活気分を味わいながら光熱費まで含まれ、期間限定の定期借家契約も条件にあえば一般賃貸より低家賃。原則一泊単位から宿泊可能なゲストハウスや民泊、定額会員制で全国の契約宿泊所が利用できる多拠点生活居住サービスなど、気軽にお試しを。

これらをフル利用すれば、憧れの「旅するように暮らす、暮らすように旅する」も実践可能。居酒屋ネットワークや知人の知人からの紹介で新居が決まった例もあり、侮れません。コミュニティに飛びこむことで情報収集は各段に進展し、成功確率もアップします。

お試しで暮らして旅との違いを味わう

早朝の澄んだ空気の中、人気のない神社に神様独り占めでお参り。海辺で日没を見届けて帰路につく観光客を横目に、海と空が徐々に空が赤く染まるマジックアワーを見届ける。混雑を避けて商店街で買物したり、夜に人通りのなくなった路地裏で飲む。生活の場ならではの、観光客が去った後のお楽しみタイムだ

新常識

012

「終の住処」より10年ごとの最適化

↓人生百年時代、予測可能な単位で見直しを

住宅購入は総額が大きく、ローンも長期に渡るため、「一世一代の買い物」「終の住処」など、とかく大げさに考えがち。しかし初めての住宅購入ならば、30代を中心に20代〜40代前半の人が多いはず。大きな買い物だけに先々まで考えることも必要ですが、そもそも家族や環境の変化が多い時期だけに、老後含めた遠い未来予測は不可能です。ライフプランの変化や住まいの老朽化にも関わらず、同じ家に住み続けることが最適とは限りません。

人生百年時代、シニア世代が買替え・買増ししているように、購入はもはや一生に一回ではありません。シニア世代でさえここから更に30年あり、自分も周辺環境も変化するのが当たり前。不確実な遠い未来をあれこれ考えすぎるより、10年後までの暮らしを重視。今から3年後、その延長線上に現実的な変化をプラスして5年、10年先くらいなら具体的にイメージしやすいはずです。10年経てば主だった設備などの点検タイミングでもあり、トレンドの変化も掴めます。ここを一区切りに、リフォームや仕替えなど、暮らしの最適化を考えます。その繰り返しの結果で終の住処になるなら、もちろんそれも良し。

私も古民家を選んだせいか、「終の住処」と言われがち。しかしまだまだ人生長いので、10年ごとに最適なライフスタイルを見直すつもり。新たな出会いがあるかもしれません。

10年後、20年後、ローン完済後はどうなる？

老夫婦2人暮らし

マンション転居

各々一人暮らし

子供の誕生、転勤、独立、親との同居……。色々想定しても、35年ローンを払い終える時の状況なんて誰にもわからない。親兄弟と多世帯同居で大家族になることも、離婚で一人になることもあるのが現実。まずは予測可能な範囲の10年サイクルで住まいの最適を考えていこう

新常識
013

住宅ローン金利は常にチェック

↓借りる時はもちろん、長期に渡る返済中も最適条件に

相続や買い替え、または宝くじにでも当たらない限り、住宅購入には住宅ローンが付きもの。しかし少しでも安い食料品を買うためにスーパーの梯子をするしっかり者も、額の大きさに戸惑ってオススメされたローンを比較検討せずに申し込んだりします。また低金利にもかかわらず、「金利が上がった」と一喜一憂するのも敏感になり過ぎ。住宅ローンは長期に渡るものだけに、どちらのケースも長い目で金利動向を見る必要があります。

確かに長く続いた超低金利時代に比べると、現在の固定金利はやや上昇傾向。しかし日本の金利推移を長期で振り返ると、バブル期には8.5%という高金利時代があったのも現実。実際の「適用金利」は「店頭金利」を集計した左表から割引や優遇もあり、変動金利なら1%未満など、まだまだ低金利です。ローン支払い期間が35年として、その間に金利がどうなるかはわかりません。借りる時が最低金利でも、変動なら後に支払額が増えます。

私は、今とは逆のほぼ最高金利に近い7%台で最初のローンをスタートしました。マックスの支払い額を覚悟したおかげで金利が下がって計画より早く返済が進み、借り換えもでき、悪い事ばかりではありません。ローン金利はわかりやすく重要な指標ですが、変動か固定か、期間、返済額、借り換えなど諸条件も含めた返済計画が大切なのです。

返済は長期に渡り、借りて終わりではない

住宅ローンを組んだ後も、返済は長期に渡って継続する。特に変動金利で借りた場合は固定切替えや借換えなどの検討のため、常に金利動向には敏感に。残債1,000万円、金利差1.0%、返済期間残10年を超える場合を目安に、借り換えメリットがあるか手数料などの諸経費込みで見積もりを取ってみよう

住宅ローン金利の長期変動例

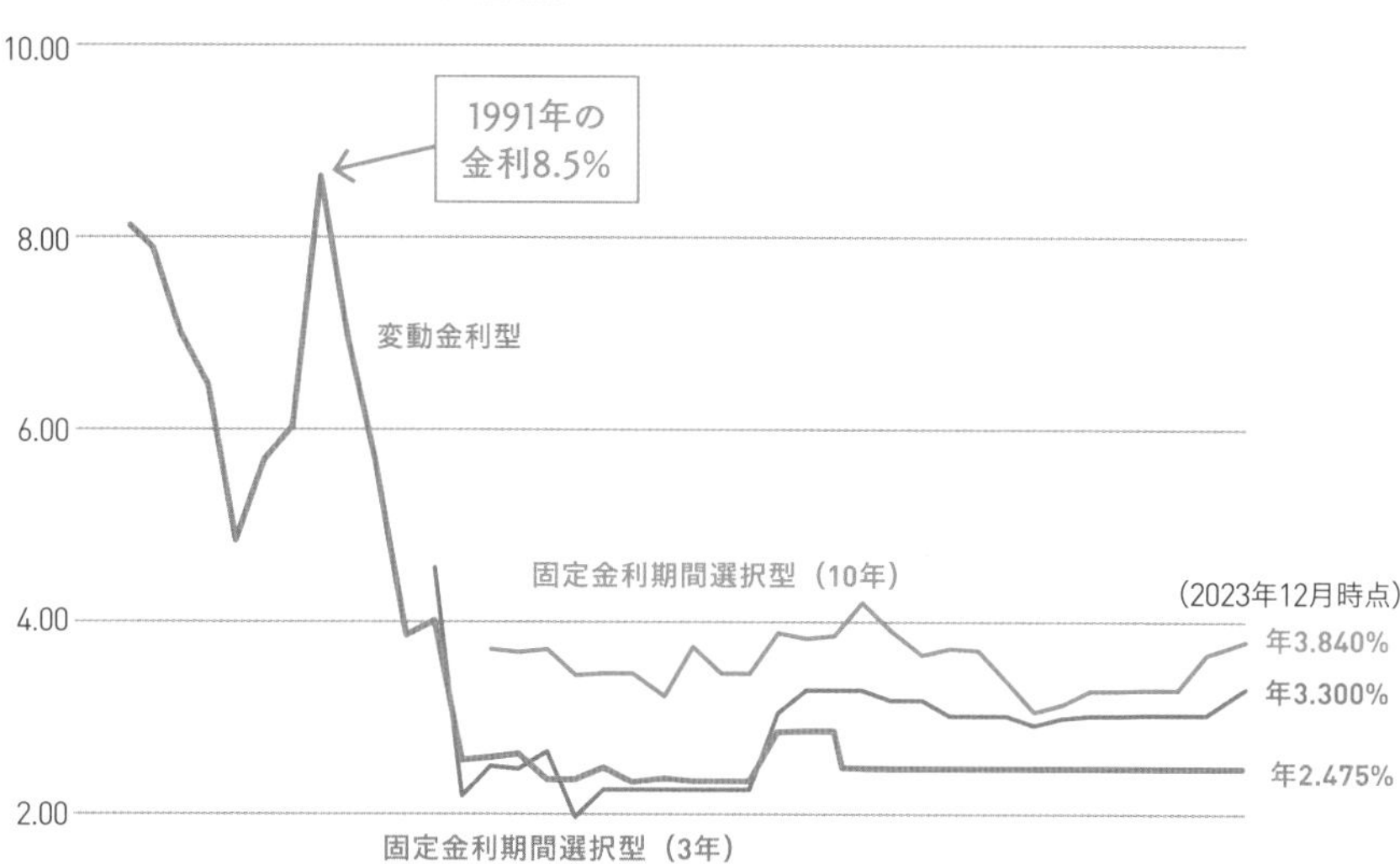

※出典：「金利について」（一般財団法人 住宅金融普及協会）

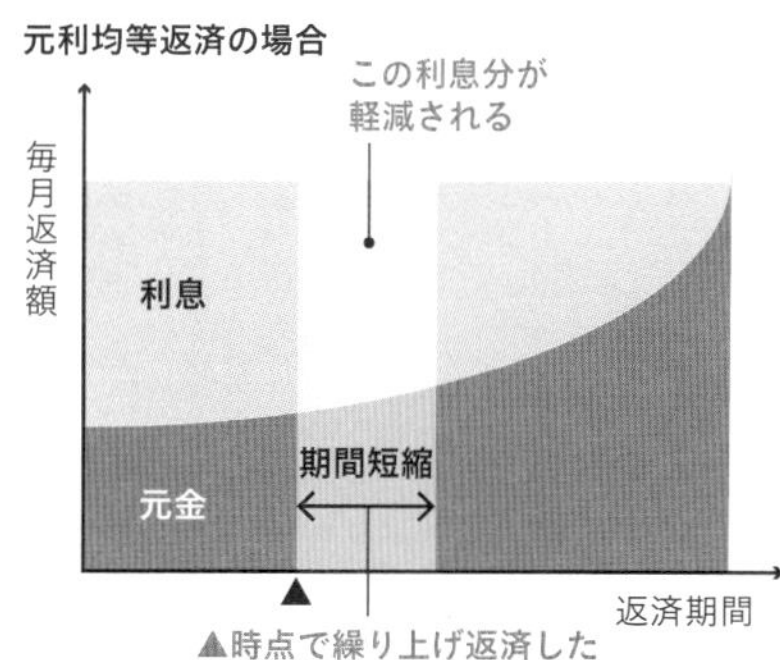

繰上げ返済イメージ（返済期間短縮型）

繰上げ返済には毎月の返済額はそのままで当初設定より返済期間が短くなる「期間短縮型」と返済期間を変えずに毎月の返済額を減らす「返済額軽減型」がある。どちらも繰上げ時元金の利息にあたる部分を支払わずにすむため、利息が多い返済初期段階がより効果的

新常識
014

投資への第一歩も自宅から始まる

↓ 空き家再生や不労所得のためには経験を積もう

家賃収入は不労所得の代表、空き家再生や不動産投資に興味を持つ人も増えています。しかし、住宅購入経験もなく、不動産や投資に関する知識が乏しい状態で、未知のエリアの物件や仕組みを十分に理解できていない投資商品に手を出すのは大変危険です。初期投資が小さい空き家はハードルが低いと考えがちですが、安いものには必ずそれなりの理由とリスクがあります。見えない構造部分の目利きができ、大工並みにＤＩＹの腕があってボロ物件を自力再生できれば話は別ですが、空き家再生はテレビなどで見るより時間も手間も根気も必要。完成後に賃貸で運用するなら、通う時間や管理の手間もかかります。

不動産投資に成功しているカリスマ大家さんたちは、共通して情報感度高く勉強熱心。成功するためには運だけでなく、努力と経験を積んでいるのです。成功の一面だけを見て、初心者が真似するのは大変危険です。たとえ低金利であっても、ローンは支払い義務を負う借金。投資はゲームでなく、知識と経験がものをいう真剣勝負なのです。

世界的に流行中のＦＩＲＥ、経済的自立（Financial Independence）で早期に仕事から解放（Retire Early）される生活スタイルのためにも、まずは地に足付けて自分の住まい選びから。自宅を通じて不動産や金融を学ぶことは、投資への第一歩にもなるのです。

住宅ローン返済が貯金代わりに

資産運用のリスクとリターン（イメージ）

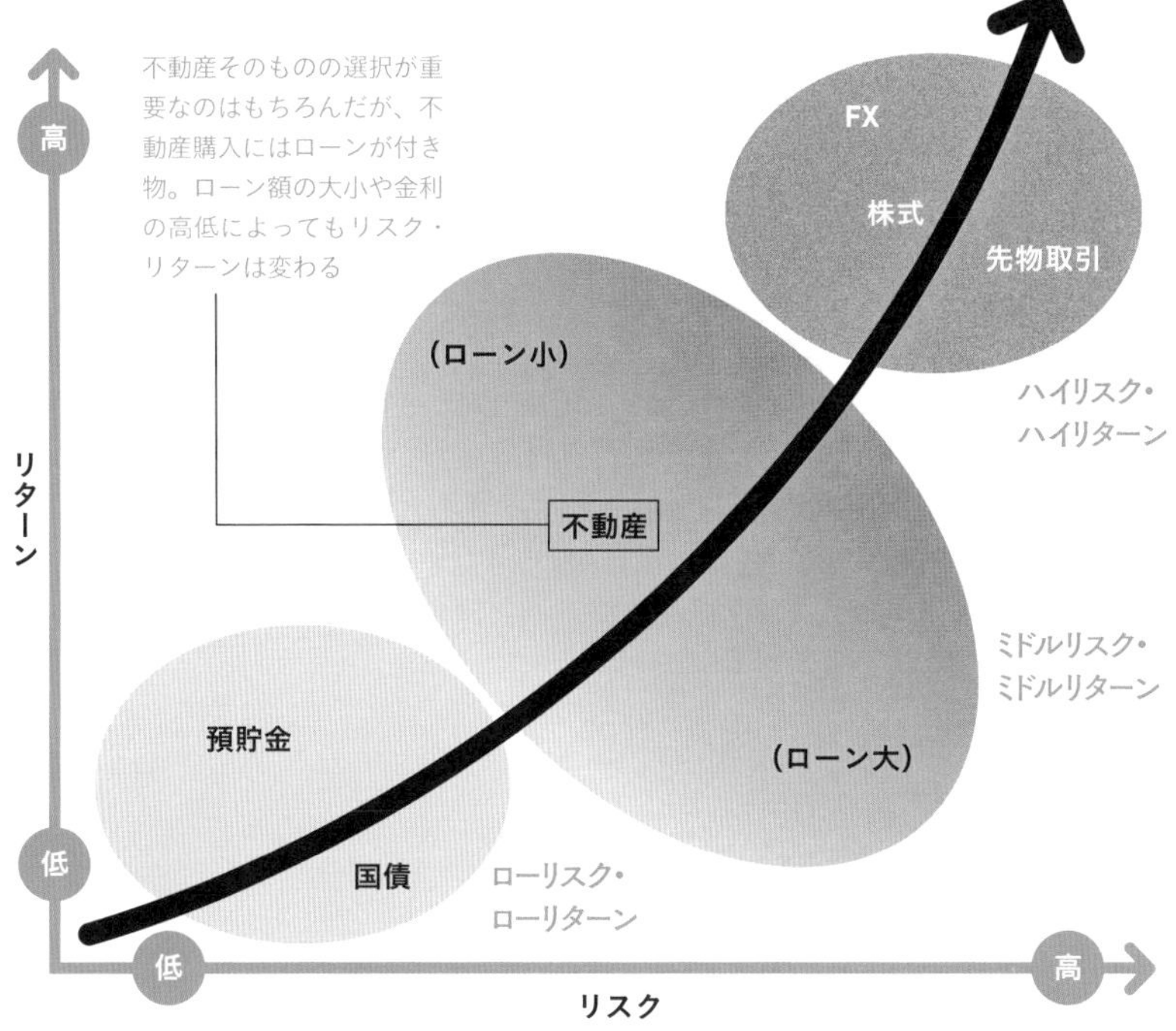

住宅ローンと不動産投資ローン比較

	住宅ローン	不動産投資ローン
融資対象	本人が住む自宅 （実需目的の購入・改修）	収益用不動産 （家賃収入目的で貸す）
金利例	年0.3〜2.0％	年1.5〜4.5％
審査基準	個人の信用度＋物件特性	個人の信用度＋事業収益性
返済原資	個人の給与や事業収入	賃貸経営による家賃収入

住宅ローンは実需の住宅購入・改修を促進するために、金利も優遇されている。そのため本人が住まない不動産を住宅ローンで購入するのは重大な契約違反になるので注意。不動産購入はローンが前提なだけに、金利の差はそのままリスクの差に通じる
※金利は2024年7月現在の目安。タイミングや物件特性など諸条件によって異なる

新常識
015

「情報」×「経験」が揃えば失敗しない

↓選択肢は多い方がいいが、質の見極めも重視

そもそも住まい選びに限らず、就職、結婚、旅行、飲食……、日常生活には選択がつきものです。ベストな選択をするためには、候補となる選択肢は多い方がいい。2つあることで初めて比較することができ、10、20と増えるほど納得感や成功率も上がります。しかし選択肢が多くても、その中にジョーカーが潜んでいたらどうでしょう。食事であれば不機嫌になるかおなかを壊すところ、住まい選びにおいては痛手が大きく一生を左右しかねません。大きな選択になるほど、「情報」には質と量の両面が備わっていることが重要なのです。

ベストな選択のためにもうひとつ必要なのは、「経験」に基づく選択眼です。「情報」と「経験」が揃えば鬼に金棒ですが、旅行や飲食店選びと違って、「家を選ぶ」「購入する」「建てる」などは人生でも経験する機会の少ない分野です。また情報氾濫の時代になり、情報が多すぎて「選びきれない」「判断基準がわからない」などの新たな悩みも生まれています。

私は住宅情報誌をつくってきましたが、信頼できる情報を数多く集め、必要とする人に届けることが幸せな出会いを生むというビジネスモデルは、どんな分野であっても不変です。経験が少なく不安であれば、いまからでも意識して住まい偏差値（P40）を上げる方法も。目の前の情報をどんどん参考にしつつアレンジして、ご自身の選択に生かしましょう。

経験不足は「情報」×「想像力」でカバー

CASE1：
徒歩時間の確認が甘かった

気に入った家は駅徒歩20分。案内時は気にならなかったものの、雨の日や残業帰りの夜道はもっと長く感じて心が折れる。もう一度歩いて、確認すればよかった…

CASE2：
効率よくベストな出会いが

建築依頼先に決めたA社は、相談に行くまで社名さえ知らなかったところ。共働きで忙しくても、依頼先紹介サービスのおかげで時間の効率よく、完成した家にも大満足！

CASE3：
家本体以外で予算オーバー

夢の新居がなんとか予算内だと安心したのも束の間、家本体以外に税金や電気工事などの出費が。照明や家具、外構もこれからで明らかに予算オーバー……

住宅知識もビジネススキルもゼロの新入社員時代、最初の仕事は「購入者インタビュー」だった。書店店頭で担当誌を手に取った人に話を聞き、読者アンケートを読み、新人同士で模擬夫婦となり家の購入シミュレーション。先人たちの成功と失敗がわかる体験談や口コミも、情報の宝庫だった。ただし玉石混合で個人差や時差もあるため鵜呑みにせず、信頼度を見極めや想像力を加えたアレンジが必要だ

新常識
016

住まい偏差値は意識次第で上がる

↓いまどきは3回建てなくても一回で理想通りに

かつて「家は3回建てないと理想通りにならない」といわれていました。暮らしに関わる「衣・食・住」のなかで、「住」は圧倒的に選択の機会が少ないため、未成熟だからです。「衣」は流行のファッションの真似をするなど実体験を積み重ねやすく、「食」も一日3食365日選択の機会があります。それに対して「住」は、機会が少ない上に高価なため実体験を通じて学ぶハードルが高く、住まいの理想像も描きにくいのです。

明確な理想を持つためには、まず知識や選択経験によって形成される「住まい偏差値」を上げる必要があります。実体験で補いきれない経験値を上げるための情報は、街、インターネット、TV、雑誌、クチコミ含め日常生活の中に溢れています。住まい偏差値の高い人は、旅先のホテルやカフェ、映画などあらゆるものを情報源に好みを確立しています。

情報化社会のいまは、実体験を積むしかなかった昔とは異なり、住まい偏差値をあげれば一回目から成功できます。新たな挑戦をしたくなるのは「失敗しても次こそ」がモチベーションではなく、家づくりのワクワク感や住まいと暮らしのフィット感をまた味わいたくなるから。私も実家を皮切りに、自宅マンション、古民家と、6年間で計3軒リノベーションしています。家は知るほど、手を入れるほど、楽しくなるものです。

情報キャッチにはまず一点にフォーカス

「いいな」と思うものには必ず理由がある。琴線に触れた情報をストックしていくことで、やがて点と点が繋がり線になる。「木とレンガ素材の組合わせ」、「青や黄色のアクセントカラー」、など好みが確立されていくのは、そんな経験の積み重ねから

一度街のゴミ拾いを体験すると、日常でも道端の吸い殻や空き缶が目に付くようになるもの。住まいも同様、漠然と見るのではなく、「配色」「素材」「空間」「デザイン」など一点にテーマを絞ってアンテナをたて、意識してみる癖をつけることで、情報は入りやすくなる

新常識 017

情報氾濫時代の新サービスを活用

↓苦手分野こそプロに「相談」で効率アップ

情報氾濫時代のいま、住まい探しの方法も変化しています。かつては家づくりを建築家に依頼するのは敷居が高く、情報もなく、身近に紹介者がいる人などに限られていました。いまはインターネットや建築誌で施工例を見て、オンラインで問い合わせも可能。建築依頼先を紹介してくれるサイトやサービスも増え、出会いの機会も増えています。

会社員時代、私の最後の職場は「スーモカウンター」でした。保険や結婚式場を横並びで比較できるように、条件に合った建築依頼先や新築マンションを複数紹介してもらい比較できる無料サービスなのです。個別相談で考えや希望条件を整理でき、アドバイスをうけながら条件に合った複数社（物件）を具体的に比較検討。セールスなしで、もちろん断ってもOKという有難さ。在籍時は20カ所弱だった新規事業が、10年ちょっとで現在は全国200カ所超と急拡大中、まさに相談ニーズの大きさを実感します。

相談・紹介サービスは「情報が多すぎて選べない」という迷子さんにも、「忙しいので自分にあったものをお勧めして欲しい」という効率重視さんにも好評。いまも具体的な物件や会社探しの相談があると、自分の個人的ネットワークだけに頼らず、常に情報がアップデートされているこれらの相談・紹介サービスを案内して喜ばれています。

苦手分野こそ専門家や相談サービスに頼る

個別相談は、ピンポイントで知りたい内容が手に入り、スムーズに次の段階に進むことができる。対面だけでなくオンラインや電話でのサービスもあり、気軽に活用しやすい。ファイナンシャルプランナーなら、プロならではの視点でお金のアドバイスがもらえ、守秘義務もあるので気遣い不要。家具選びならインテリアコーディネーター、引っ越し前の断捨離や入居時の荷ほどきならお片付けのプロ、高齢者入居施設を紹介してくれるサービスもある。企業や自治体主催のイベントで無料のもの、有料のものも料金は様々

スーモカウンター（リクルート）では、中立的なアドバイザーによる個別相談のほか、「予算のたてかた」「ダンドリ」「新築マンションや建築会社の選び方」「買うVS賃貸」など気になるテーマの無料講座なども開催している。知識を得ながら、将来の住まいのイメージを固めていくのにも役立つ

新常識
018

住んでわかった、平屋の魅力

↓マンションと戸建てのイイトコドリでブーム到来

近ごろ平屋が大人気、たまたまブームに先駆けて平屋に住んでいる私としては嬉しい限りです。リクルート発表の住まいのトレンドワード（２０２３年）も「平屋回帰」。自然豊かな環境への移住、家族数減による減築・建替え向けの平屋商品も続々登場しています。

私が実感する魅力は、一戸建てでありながら段差なしのワンフロアで、庭や縁側などの外空間とも近いこと。引き戸を開放すれば家中に目が届き、重い物の移動も負担になりません。ギックリ腰になった時も楽に動けたので、きっと老後も安心（笑）。2階建てに比べ家自体が軽いので、築90年超のリノベ前でも耐震性は問題なし。開口部が多く自然が身近、かつ災害時はどこからでも脱出可能です。マンションに比べてリフォームの自由度が高く好みの間取りにしやすく、上下左右への配慮不要な独立感も魅力。一人暮らしに大きな一戸建ては負担でも、コンパクトな平屋ならマンションと一戸建てのイイトコドリなのです。

ひと昔前、親世代が育った祖父母の家は大体が平屋。だからこそ親世代は2階建てやマンションに憧れ、高層マンションも当たり前になったいまは一巡して平屋を懐かしく新鮮に感じるのでしょう。我が家の若い世代の来客も「懐かしい」「和む」というので、平屋の良さはＤＮＡに刻まれているのかもしれません。

コンパクトな平屋はメリットいっぱい

コンパクトな平屋なら、広い家に比べて材質や使い勝手など細部にもこだわりやすい。また小さい家ならエネルギーの消費も抑えられ、建てる際も住んでからも、環境にも優しい。老後も階段の上り下りの負担なく、庭が身近でもしもの時も避難が容易

新常識
019

大きな理想も長期スパンなら叶う

↓ 住まいも街も変わる、新しい選択肢は自分でつくる

昭和にありがちだった「家でかかってくるはずの電話待ち」「待ち合わせ先ですれ違い」は、平成の携帯電話の普及で解消されました。何もなかった通学駅の裏には、高級タワーマンション群が立ち並んでいます。かつて別荘・リゾートは限られた層のものでしたが、いまは移住や多拠点暮らしで裾野が広がっています。夢物語も、長期スパンなら形になるのです。理想形が目の前になければ、新しい街への移住や自ら創り出すという選択肢もあります。

湘南のシェアハウス暮らしでその可能性を感じた友人は、自らシェアハウスオーナーに。そこで暮らす人たちとの「拡大家族」としてのコミュニケーションを理想に掲げ、10年近く経ったいま賑やかな大家族になっています。新設されたゴルフ倶楽部に約20年前入会した時、創業メンバーが「ゴルフコースと住居が一体となった日本にないコミュニティをつくる」と熱く語っていました。コース隣地は当時山林で遠い未来図のようでしたが、いまや洒落た別荘地。ゴルフが暮らしの一部、描いた理想のコミュニティがそこにあるのです。

地域活性の関わりやご縁がある熱海、高知、瀬戸内なども、訪れるごとに進化に驚きます。住宅ローンが続く20年、30年後には、住まいも街も確実に変わっています。目先にとわれず、長期スパンで物事をとらえ、理想を叶えるための選択をしましょう。

目の前にない理想郷を長期スパンで創る

入会当時のブリック＆ウッドクラブ（千葉県市原市）は、山を切り拓いた野趣あれるタフなゴルフコース。隣地は山林で、別荘地になるというのも正直夢物語のようだった

一軒ずつ別荘が立ち、気付けば130棟を超える個性的な建物が立ち並ぶ別荘地に。隣接するゴルフコースと住居を気軽にカートで行き来する理想郷、ミュアヘッドフィールズが出来上がり、更にレストランや産直ショップなどエリア拡大中だ

新常識
020

幸せ度は住み始めてから差がつく

↓結婚同様、選んでからも継続メンテナンスを

住まい探し中は「新居入居がピークであり、ゴール」と考えがちです。しかし、家との付き合いは結婚のようなもの。運命的な出会いをして迎えた結婚式当日が幸せの絶頂だとしても実はそこからが肝心、新居の完成・入居で燃え尽きてはいけません。

結婚式の定番スピーチには、住まいにも通じる名言が沢山あります。「結婚はゴールでなく、始まり」。相互努力を怠ると新生活がほころぶように、新居も経年劣化や不具合がつきものです。入居時ピークに経年劣化を放置するか、継続的に手を入れて価値の維持向上に努めるかは、大きな分れ道。「結婚前は両目で見て、結婚後は片目をつぶって」。選ぶときはしっかり比較検討し、決定後は欠点も含めて容認し、向き合い、受け入れる。家の価値と幸せ度、上げるも下げるも、自分次第なのです。

幸せの基準は自分軸で決める

「しあわせはいつも自分の心が決める」。有名な相田みつをの詩は、家選びの条件も暮らし方も同じ。人と比べず、自分にとっての幸せの軸をしっかりもとう

2章

実践！物件選びのノウハウ

↓探し方・比べ方・決め方

新常識
021

成功者は絶対行動量が違う

↓ 超情報化時代も日々の情報収集とフットワークで差がつく

いまの自宅は駅に近く風情もある古民家、いわばレア物件。住宅関係の仕事なのでよく「特別ルートあり？」と聞かれますが、インターネット検索で自力発見したものです。

私が入社した1980年代の不動産情報は、店頭の貼り紙や新聞折込チラシ、現地看板など地域限定。このアナログ時代に地域を越えて物件を探すのは困難で、これらの情報をまとめた「SUUMO」の前身である市販情報誌『週刊住宅情報』が重宝されていました。いまはインターネットの普及で、いつでも、誰でも、どこからでも全国の物件検索が可能な時代。もちろん一部クローズドな情報や一般公開されていない不動産会社用サイトなどもありますが、それ以上に大量の物件情報が毎日、無料で入手可能な超情報化社会です。

不動産投資で成功しているサラリーマン大家さんも、毎日複数サイトで新着物件チェックしていると教えてくれました。「いい物件があれば紹介を」とお願いしても、探している本人以上に熱心な他人はいません。複数の会社に依頼、現地に足を運ぶ、周辺を歩く、住人直に話を聞く、書籍、相談会やセミナー参加……、成功する人は常に同時並行で多角的に行動しています。不動産会社の担当者も複数の候補がいたら、一番熱心な人を選ぶもの。絶対行動量や熱量に比例して情報も増え、日々の積み重ねが大きな差になるのです。

インターネットが物件探しを変えた

いつでも、どこでも、家探し

SUUMOの前身『週刊住宅情報』（リクルート）は分厚い情報誌で、1990年1月10日発行の首都圏版は1,940頁で世界一ページ数の多い定期刊行誌としてギネス認定されたほど。雑誌からインターネットへ移行して、情報量・スピード・検索性が進化し、物件情報は飛躍的に入手しやすくなった

新常識
022

人気物件はスピード勝負

↓不動産は唯一無二の相対取引。ライバルを出し抜こう

不動産はそれぞれ個性が異なる、唯一無二のものです。例えば同じ新築マンションでも階数や方角が異なれば景色や日当たりも違い、価格に反映されます。中古になれば、リフォーム履歴やメンテナンスによって、更に差が開きます。一戸建てや土地は、道路付けなど周辺の環境と建物状態でさらに複雑化し、個性は多彩に。不動産価格の評価方法は様々ながら、物件価格や家賃の市場価格が決まる原理はシンプル。人気条件が揃っていてライバルが多い物件は高く、ライバルが少なければその分安くなります。

不動産の売買は、売り手と買い手が一対一でマッチングすることで成立する相対取引です。人気物件は売主も強気、競争原理でどんどん価格は高くなります。また住む人を選ぶような個性的な物件であっても、同じ嗜好のライバルが一人でもいれば競合します。

誰もが「良いものをより安く」と考えているため、お金に糸目をつけないのであれば可能性は広がります。しかしたいていの場合一番のネックは予算、これ以外でライバルに負けないためには、「スピード」で出し抜くか「人と違った視点」で穴場を狙うのが基本戦術。これから紹介するアイデアや独自視点をもとに頭を整理し、効率的に動き、決断力を磨き、唯一無二の大きな魚を逃がさないようにしましょう。

不動産の個性は様々で唯一無二

ひとつの敷地を兄弟で同じ面積で分けても、面している道路や敷地形状、日当たりなどの周辺条件で価値は大きく異なる。不動産の個性は多様で、建物や地域の協定などで分割できない場合もあり、均等に分割できる預貯金と違って相続時にもめる原因にもなりがちだ

敷地2分割でも価値は大違い

日当たりも使い勝手も悪い弟

北側が隣地の場合、道路は一面のみ。駐車場や建物位置は限定され、日当たりにも南側兄宅の影響が。面積が同じでも、土地の価値は大違い

角地で諸条件に恵まれた兄

南側と西側の二つの道路に面する角地の兄宅。駐車場や家の配置などのプランも自由になり、使い勝手も日当たりも良好

新常識

023

基本は3P（Price・Place・Plan）のバランス

↓こだわりと妥協ポイントはそのまま価格に直結する

住まい探しの第一歩は、3Pを決めることから始まります。3PとはPrice（価格）、Place（エリアや駅距離）、Plan（広さや間取り・仕様）。3つのPは住まい探しの重要項目であり、これを決めないことには具体的な候補物件を探すことができません。

まず、最初に決めるべきはPriceです。家賃であれ住宅ローンであれ、支払いは毎月長期に渡って続くもの。一時の我慢や勢いで決めるべきものではないので、長期的視点で無理ない額の設定を。エリアや駅距離などのPlaceは、家賃相場や価格を確認しながら実感値と擦り合わせを。人気沿線や憧れの街・駅、更に駅からの距離や利便性、周辺環境や治安…、好条件が揃うと当然価格も高くなるので、人気駅だけでなくその隣駅なども含めた穴場チェックも忘れずに。Plan（広さ・間取り・仕様）も同様、広くて使い勝手がいい間取り、しかも新しく設備仕様のグレードも高いとなると、当然価格や家賃に反映されます。

Place、Planともにこだわる項目が増えるほどPriceも高くなり、逆に妥協ポイントが多ければ安く、見つかりやすくなります。決めるべき詳細条件は沢山ありますが、この大原則は変わりません。いくらの予算で、何を優先するか、何を諦めるか、まずはこの大原則を頭に入れたうえで条件決めを。理想の暮らしは予算と希望のバランスしだいです。

「こだわり」と「妥協ポイント」を整理する

一人暮らし女性は安全・安心のため沿線エリアや駅距離、セキュリティや収納を重視。ファミリーは学校区や周辺環境、広さを優先。私は立地最優先で、築年数や日当たりを諦めて探した

新常識
024

条件は夢と現実の両面から考える

↓現状の「不」を把握することから始めよう

私の課題と解決のための3大条件

引っ越し前の3大不満は「駅から遠い」「朝日が入らない」「街に飽きた（海の近くが憧れ）」。ここから導かれた要望が「海のある街の東向き駅近物件」だった

希望条件はいきなり夢や理想から考えがちですが、まずはいまの住まいと暮らしの振り返りを。いま実際に不満・不便に思っていることを把握し、それらの「不」が解決する新居の条件を考えます。夢と現実の両面からアプローチすることで、ヌケ・モレがなくなります。

まず平日や休日の行動パターンを具体的に思い浮かべながら、重なりは気にせず、箇条書きで思いつくまま数優先で書き出します。5分間など時間を決めて集中して書き出し、あとで整理・共有すると効率的です。「モノが散乱」であれば「収納充実」「ひと部屋プラス」、「キッチンが暗く狭い」であれば、「窓のあるオープンキッチン」、という具合。「人を招きやすい」「散歩が楽しい」など、暮らしのシーンを想像しながら、夢と課題解決策の両面から、核となる条件を探し出しましょう。

理想の暮らしイメージを言語化

↓ 伝わりやすいキャッチフレーズなら実現しやすい

理想の暮らしを一言で表現するには？

「海辺に住む」「人が集まりやすい」「趣味を楽しむ」「スッキリ暮らす」「リノベで自分流に」などが希望条件はたくさんある。私が決めたキャッチフレーズは「海辺の宴会仕様の家」だった

理想の暮らしは、不満を解決するだけでは実現しません。今の住まいで気に入っているところ、子供の頃からの夢、映画や雑誌などでみた憧れの家やシーンなどを思い浮かべ、言語化してみましょう。「場所・環境」「建物」「インテリア・間取り」「生活シーン」など、これも思いつくまま、できるだけ多くの理想を書き出します。ここでは実現の可能性や整合性は気にしなくてOKです。

出し尽くしたところで、この理想と前項で整理した不満と改善策を併せて眺め、新居での暮らしをイメージします。見えてくるライフスタイルは、住まいは、どんな姿ですか？「理想の住まいは？」と聞かれたとき、何と答えればそのイメージが伝わるでしょうか。理想の暮らしを一言で表現するキャッチフレーズがあれば、家族や担当者とも共有しやすく、形になりやすいものです。

新常識
026

希望条件には必ず優先順位を

↓

理想を現実にするために不可欠な核を見極める

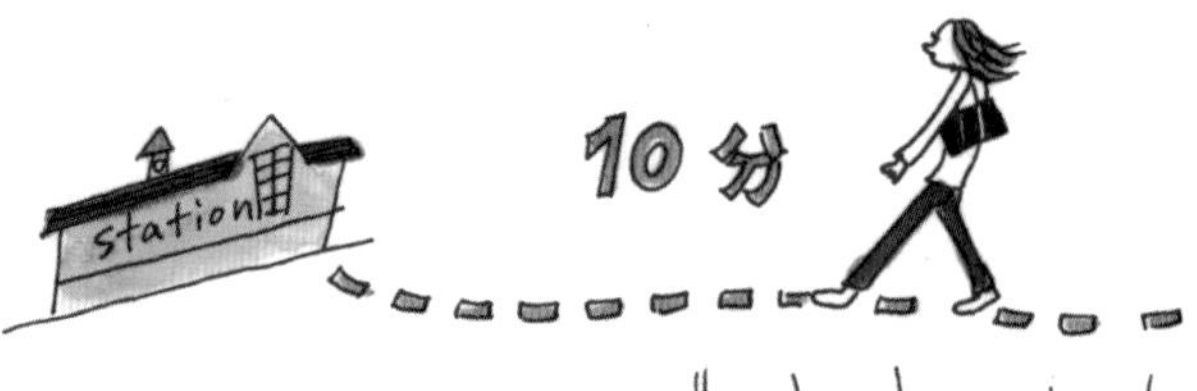

私の夢実現の三大条件

「海辺の宴会仕様の家」に必要なのは、まずは立地（湘南の駅から徒歩10分以内）、適度な広さとリノベーションのしやすさ。スケルトンにするのでプランは不問、古い物件も大歓迎だった

理想の家のイメージとキャッチフレーズが決まったら、いよいよ希望条件を整理して、具体的な優先順位を決めます。全ての理想を追い求めると、いくらお金と時間があっても足りません。理想の新居のキャッチフレーズを思い描きながら、「これがないと理想の暮らしは成り立たない」という条件を絞り込み、核となるものを見極めていきます。

沢山の希望条件の中で、今度は予算を考慮しつつ、夢ではなく現実的な必須項目をピックアップします。いきなり順位をつけるのが難しい場合、まずは10項目選び、その中で優先順位をつけていきます。理想の暮らしのキャッチフレーズを念頭に、最終的に絶対条件は5つくらい、できれば3大条件にまで絞っておくと、候補物件の範囲が広がりグンと探しやすくなります。

新常識 027

諦めポイントをあらかじめ宣言

↓ライバルに差をつけるには、理想を追うだけではダメ

諦めポイントもポジティブに

私が諦めた3大条件は、眺望（駅近優先、海は見に行けば良し）、駐車場（車なしの自転車派）、古さ（リノベーション前提なので広ければOK）。駅が近い駐車場付き物件は手が届かない価格になるし、周囲に見降ろされる平屋でも人目がセキュリティになる、と発想を転換した

希望条件に優先順位を付けたら、その勢いで「諦めポイント」も決めましょう。人気物件はライバルが多いため、希望条件だけでなく諦めポイントを明確にすることで差別化するのです。掘り出し物は、必ず何かしら安い理由がある「ワケあり物件」です。許容できる諦めポイントを希望条件とセットで宣言しておけば、出会いのチャンスも広がります。

「夜勤が多いので日当たり不要」「車はないので路地奥OK」「コスト優先で事故物件OK」など、敬遠されがちな条件ほど差別化には効果あり。腹が決まっていれば声もかかりやすく即決できますが、曖昧なままだと悩んでいる間に先を越されます。外野からの忠言で気持ちが揺れたら、考えが浅い証拠。自分自身の価値観に向き合い、徹底した優先順位付けが出会いに繋がるのです。

新常識
028

ワケあり物件は理由次第でお宝物件

↓一点豪華主義で選択肢を広げれば、予算不足でも夢は叶う

候補物件が現れない場合、希望条件の見直しは必須です。その際のコツは、ゴールである理想の暮らしのキャッチフレーズは変えないこと。あくまで理想像はブラさず、希望条件の優先順位が現実的か見直し、諦めポイントを追加できないかも考えましょう。

希望エリアを広げて移住、車通勤なら駅から遠くても静かな環境優先、リノベするなら再建築不可物件も候補に、期間限定でよいなら定期借家、荒れた空き家や競売物件を再生、退職金利用で住宅ローンが下りない物件狙い、補助金で地方に移住、管理人として住み込んで副収入など、成功例はたくさんあります。親や兄弟との同居、友人家族との共同所有など、周囲を巻き込むのも手。店舗併用、賃貸併用・民泊・シェアハウス運営などの副収入も予算不足の対策に。予算不足から生じる新しい展開や工夫も、個性となるのです。

よく「お宝物件はありませんか」、と聞かれます。安いのに良い物件という意味なら、安いものには必ず理由があるので、万人向けのものは期待できません。しかし安い理由が明確で、それが許容できるものであれば、まさに自分だけのお宝物件。ワケあり物件は、理由次第でお宝物件なのです。あれもこれも平均点ではなく、一点豪華主義で思いきったメリハリをつけて諦めポイントを増やせば、予算内で夢は叶います。

こだわりと諦めの凸凹が個性に

駅から遠くても部屋から空と公園の眺めが素晴らしい閑静なマンション、ジョギング中に出会った荒れた競売物件の立派な佇まいを見抜いて自力再生、昼夜逆転の仕事なので好立地で広いのに日照なく低家賃。こだわりを貫きつつ許せるワケのある凸凹やメリハリが個性になる

新常識
029

悩んだら「5W2H」で課題整理

↓立ち止まった時はフレームワークを活用

「何から手をつければいいかわからない」「物件見学してもピンとこない」など、具体的な一歩を踏み出せなくなる時もあるものです。そんな時は、ビジネスのフレームワークでも用いられる「5W1H」に分解してみることをお勧めします。正確には重要なHが2つあるので「5W2H」、まずは項目だけ挙げてみましょう。

はじめに「When（いつ）」。いつまでに引っ越したい、から逆算してスケジューリングします。次に「Who（誰が）」。これは新居探しの主体者、同居予定者、出資者など関係者の洗い出しです。「What（何を）」は、買うか借りるか、新築か中古か、一戸建てかマンションか、など種別の選択です。更に「Where（どこに）」の、エリア選び。同じエリア内での沿線や駅、駅の表裏などによって環境は違い、時代とともに変化しています。「Why（なぜ）」は住まい探しの理由や目的。目移りして混乱した時、原点に戻ると結論を出しやすいものです。最後ふたつの「H」は、「How（どのように）」の動き方と、「How Much（いくらで）」。家探しや情報収集の手法も色々、そして予算が曖昧なままでは話は具体化しません。

これらの「5W2H」で、クリアになっていないのはどこですか？課題が明確になれば、次の行動も見えてきます。この後は、項目ごとにつまずきがちなポイントを解説します。

課題はピンポイントで解決していく

住まい探しは順調に進むと楽しい一方、一度つまずくと気持ちも行動も停滞。視野が狭くなり焦って誤った選択をしないよう、原点に戻って課題の整理を。住まい相談では、状況を話すことによって自ら答えに気付き、再び動き出すパワーが沸くことも多い

新生活開始のタイミングを決断する

↓期限を決めて逆算して動かないと、変われない

住まい選びを思い立ったら、「何のために」「いつまでに」を最初に決めて動きましょう。住まい探し開始から新居入居まで、最短の賃貸住宅でも約一か月はかかります。最も時間がかかるのは土地探しから始める注文住宅で、スムーズに進んでも新居の完成入居までに1年以上（工法やプランなど諸条件にもよる）。土地探しが難航し、初期段階で挫折してしまう人も多いのです。「いつまで」のゴールを具体的にイメージしてスケジュールを決めることは家探しのモチベーション維持だけでなく、子供の転校や無駄な家賃・更新料などの発生を防ぐリスクヘッジにもなります。スケジュール最優先の場合は、注文住宅希望でも、すぐに入居可能な中古や完成済みの分譲戸建て、賃貸住宅なども選択肢に。

もちろんあえて期限を決めず、条件ピッタリの物件が出るのを待つのもアリ。この場合は希望条件を厳密に絞って探し、物件が出たらすぐに動けるように準備を整えておきます。

いつまでも引っ越せないのは、「いつか」といいながら条件も期限もいつまでも曖昧なままのパターン、これでは動きようがありません。基本となるスケジュールやダンドリを理解したうえで、具体的に自分の行動に落とし込んでみましょう。目標を決め、やるべきことを確認し、行動しないことには、理想の住まいは手に入りません。

入居までのスケジュールを「見える化」

選ぶ物件種別によっても、情報収集開始から入居までの時期は大きく異なる。また、物件探しやプラン決定など各過程で時間がかかれば、そのぶん入居時期はどんどん後ろにずれていく

入居までのスケジュール例

	新築一戸建て		新築マンション	中古一戸建て	中古マンション	賃貸住宅
	注文住宅	分譲戸建て				
0ヵ月	●情報収集 ●予算条件決め					
1ヵ月		●物件探し～購入申込み	●物件探し ●モデルルーム見学	●物件探し～購入	●物件探し～購入	●物件探し～契約 ●入居
2ヵ月	●建築会社選び～決定 ●土地探し～購入	●物件契約	●物件購入 ●オプション決定 ●住宅ローン申込み	●住宅ローン申込み	●住宅ローン申込み	
3ヵ月				●リフォームプラン検討	●リフォームプラン検討	
4ヵ月	●住宅ローン申込み	●住宅ローン申込み	●内覧会	●リフォーム会社選び・決定	●リフォーム会社選び・決定	
5ヵ月	●建築プラン調整			●リフォームの施工開始	●リフォームの施工開始	
6ヵ月		●残代金決済 ●引渡し	●残代金決済 ●引渡し	●工事	●残代金決済	
7ヵ月	●着工			●残代金決済		
8ヵ月	●工事				●リフォーム完了～引渡し	
9ヵ月						
10ヵ月				●リフォーム完了～引渡し		
11ヵ月	●工事完了 ●完了検査					
12ヵ月	●竣工検査 ●引渡し					

賃貸が最短
入居審査、契約がスムーズなら最短1～2週間で入居できることも

新築は完成予定時期しだい
新築は完成予定時期によって入居時期に差。完成済み物件なら即入居も可能

最長は注文住宅
土地探し、建築会社選び、設計(依頼先やプラン)、工期(規模や工法)、などでも大きな差が生まれ、最も時間がかかる

中古はリフォームしだい
ローン実行後そのまま入居なら約2か月、リフォームする場合はその工事分時間がかかる

新常識
031

買い替えは、売買同時進行で

ダンドリ命で動かないと大きな無駄が発生する

買い替えの場合、通常の不動産購入以上にダンドリが重要です。売る方はなるべく高く、買う方は良いものをなるべく安く、引っ越しはギリギリのタイミングで無駄なく、売却代金は早く入手したい……、と多くの人が関わる難易度の高い複数条件が重なるからです。

買い替え先の条件が売値次第で変わるなら、とにかく早めに売却査定を。大まかな金額ならインターネットでも査定可能ですが、現地を見てもらってより正確な査定を依頼します。購入・売却ともに複数の会社に依頼可能なので、3～4社に声をかけて比べるのも良いでしょう。査定金額が全社ほぼ同額であれば、その額で心づもりを。査定金額は売却依頼獲得のために高め、慎重で低めなど会社ごとに特徴もあるので、提示額に開きがあっても、金額だけで判断せず納得できる根拠を示してくれる会社が信頼できます。

買い替え先が決まっていない場合、売却依頼した会社に同時に新居探しも依頼し、並行して自力でも探します。「引き渡し・入居」の時期を「相談」として、購入希望者を探しながらタイミングを調整するため、売買が別の会社の場合はまめな情報共有も必要。早めに売りだせば、最初は高めにして反応を見て、価格交渉に応じるなどの調整もできます。ギリギリになって急いで売ろうとするほど、安くなり損をするので、ダンドリが命です。

買い替えタイミングに潜むリスク

旧家が売れないまま新居を購入するとダブルのローン支払い、想定の値段で売れない、つなぎローンなどのリスクが発生。逆に先に旧家が売れて引き渡しが迫って、新居を妥協したり、仮住まいを挟んだり。どちらも無駄な気苦労・手間・お金がかかることになる

「一戸建て」「マンション」は折衷案も

↓立地とライフスタイル優先で決めつけずに探そう

土地付きの一戸建てか、集合住宅のマンションか。もし同じような立地条件の候補があればどちらを選びますか？「子供やペットと遊ぶ」「ガーデニングを楽しむ」「車が趣味」なら一戸建て、「利便性」「セキュリティやプライバシー重視」ならマンションなど、そもそも好みは分かれがち。家族間で意見が異なるケースや、マンションでも1階専用庭付きという折衷案もあります。

一般的にマンションは都市部や駅近など利便性が高い場所に多く、一戸建ては郊外中心ですが、エリア優先の場合は決めつけずに広く検討を。私もマンション派でしたが、立地優先で探した結果、現在は一戸建て住まいです。

マンションVS一戸建て　住み心地を独断比較

	広さ	眺望	通風採光	設備	セキュリティ	音	共用施設	バリアフリー	ゴミ出し	ペット
マンション		○		○	○		○	○	○	
一戸建て	○		○	○		○				○

個人的に気になる10項目を一般的な物件であくまで独断で比較。全て実際の物件、プラン、グレード次第。一戸建ての私がマンションで一番羨ましいのは、ゴミの24時間対応だ

金額を比べる際に注意したいのは、物件価格だけで比べず、諸費用や購入後のランニングコストまでトータルで検討すること。マンションは住宅ローン以外に管理費や修繕積立金、駐車場料金などが毎月継続的にかかります。一戸建ては駐車スペースがあれば住宅ローンのみですが、災害や長期修繕に備えて自ら計画的な貯蓄が必要です。

住み心地に関しては、物件の個性や立地にもよるので一概に言えませんが、上下階への騒音を気にせず、庭も駐車場もあり自由に暮らせるのが一戸建て。マンションはセキュリティや防災面で安心安全、かつ家事動線などの利便性が高く快適な暮らしができます。

ライフスタイルの変化に合わせ、将来のリフォームや売却のしやすさも考慮しておきたいところ。一戸建ては自由にリフォームできますが、高齢になると庭や階段が負担に。マンションも専有部分はリフォーム可能。管理規約で制限の有無を事前確認しましょう。

新常識
033

新築マンションは進化し多様化

↓モデルルームで最新設備や充実した共用施設を確認

耐火構造の集合住宅であるマンションは、規模、高さ、建築方式、付加価値などによって実にバリエーション豊富です。ランドマーク的なタワーマンションと中低層の板状(ばんじょう)マンション、働く女性向けのコンパクトマンションや子育て支援のファミリー向け、デザインと機能にこだわったデザイナーズ……。また同じマンション内であっても、眺望良く広く豪華な高層階とシンプルな低層階など、プランや部屋ごとに個性が異なることもあります。

集合住宅ならではの魅力は、規模やグレードに応じた設備や共用施設です。24時間対応のゴミステーション、宅配ボックス、コンシェルジュ、敷地内公園、ライブラリ、ゲストルーム、ワークスペース、カーシェア……。共用施設も様々、充実するほど管理費も高くなるので、ライフスタイルに合わせたバランスの良い選択を。

マンションの主な分類と特徴

分類	名称	特徴
規模	大規模	100戸以上。敷地も広く規模に応じて敷地内に公園、ゲストルーム、ラウンジなどの共有施設も充実し、利便性も高い
	小規模	50戸以下。入居世帯数が少ない分、アットホームな雰囲気
高さ	高層	タワーマンションともよばれ、20階建て以上。ランドマーク的存在で、眺望のいい高層階ほど価格が高い
	低層	主に住宅街に建ち、閑静な環境や一戸建て感覚のゆとりが魅力。明確な定義はないが、２～５階建てくらい
方式	コーポラティブ	不動産会社が事業主となり基本プランを決めて分譲するのではなく、入居希望者が組合を結成して事業主となり企画・建築を行うため、プランの自由度が高い
コンセプト	デザイナーズ	デザイナーや建築家のこだわりを前面にだし、設計デザインや機能性に特徴があるもの
	入居者別	シングルから二人暮らし向けのコンパクトマンション、子育て応援マンション、ペット共生など、ターゲットに合わせてプラン提案されたもの

新常識 034

マイホームの夢を形にする一戸建て

↓注文建築から分譲や中古まで、こだわりと予算次第

一戸建ては、建築予定の土地の有無によって動き方が変わります。土地探しから始める場合、バリエーションを頭に入れておくと出会いのチャンスが増えます。

土地と建物両方にこだわるなら、気に入った土地にオーダーメイドで建てる「注文住宅」です。探す手間・お金・時間がかかる分、最も理想を形にしやすいでしょう。「新築分譲」、いわゆる建売り住宅は、土地と建物がセットの既製品。価格が明確かつ最短入居が可能な分、自由度は低いです。セミオーダーにあたるのが、「建築条件付き土地」。建築会社は選べないものの、土地が気に入ればプランに希望を反映できる折衷案です。「中古一戸建て」は、そのまま住めるものからリフォームが必須のものまで、建物状態はピンキリ。一戸建ての裾野は広いので、メリット・デメリットを把握してから動きましょう。

一戸建てのバリエーション

種別	特徴
注文住宅（オーダーメイド）	建設予定地を探し、気に入った建築会社で自由に商品・プラン・仕様を選んで建てる完全オーダーメイド。現在の土地に建て替える場合も、注文住宅になる
建築条件付き土地（セミオーダー）	売建（うりたて）とも言われ、建築会社は決まっているが、探す手間がなく好きなプランで建築可能。土地と建物の契約は別、価格上乗せで建築条件を外した事例もある
新築分譲一戸建て（既製品）	建売（たてうり）や企画住宅とも言われる、開発した土地に新築住宅を建ててセットで販売する、いわば既製品。完成済だけでなく未完成段階での販売もあり、オプション対応が可能な場合も。新築に最も早く住むことができる
中古一戸建て（リユース）	そのまま住める物からリノベーション必須まで多様。場合によっては「古家付きの土地」も候補に

新常識
035

自分に合った街の見極め方

↓自治体、人、環境…、家はもちろん暮らし方が決め手

自治体ごとの移住支援策がアツイ！

地方創生起業支援・移住支援事業」の一環として2019年から始まった国と自治体による移住支援策は、年度・自治体によって大きく異なるため個別に直接問い合わせを

コロナ禍をきっかけにした生活スタイルや働き方の多様化により、都市部一極集中だった選択肢は拡大しました。ゆとりと利便性が両立する穴場の街探し、子育て環境重視でニュータウン、自然や広さを求めて地方移住、都市部とリゾートの多拠点暮らしなど、新しいライフスタイルが生まれています。

移住者層もかつては比較的自由が利くカタカナ職業や外資系、ゆとりのあるシニア世代が多かった印象ですが、いまは職種も世代も裾野が広がり、移住相談数も増加の一途です。

地域に飛び込んで生の声を聴こう

住み心地のよい街や人気の駅など各種調査

主な移住支援の具体例

移住一時金	国の支援策として、東京23区在住または通勤者が地方に移住して就業条件などを満たすと単身移住60万円、世帯移住100万円。対象外の自治体や、逆に元の居住地や就業条件に関係なく一時金が出る自治体もある
起業支援	国の支援策として、移住して地域の課題解決に取り組む社会的事業の起業など条件に当てはまれば最大200万円（補助率1/2）。自治体ごとに開業資金援助や起業塾などのサポート、事務所の改修費や家賃の補助など
就業支援	自治体ごとに地域の課題を解決する地域おこし協力隊、地元企業への就業あっせん、農業や林業体験、介護や保育など特定の施設就業で一時金など
子育て支援	自治体ごとに出産お祝い金、不妊治療費補助、妊産婦医療費無料、保育料補助・免除、幼稚園・小・中学校の給食費無料や医療費無料、入学お祝い金支給、通学定期代補助など
住宅支援	国の移住支援対象者に、住宅ローンの金利引き下げ。自治体ごとには、移住に伴う引っ越しや住宅取得に係る費用を補助。空き家の無償・格安提供、一定期間住み続ければ取得できる、住まいの建築・購入一時金、改修費用の一部負担・補助、引っ越し費用負担、家賃補助制度など

全国の移住支援情報をまとめて入手

認定NPO法人ふるさと回帰支援センター（東京・有楽町駅前）では、全国の地方移住支援情報がまとめて入手でき、セミナー、相談会、イベントなどを開催。2023年の相談件数は過去最多、自治体ごとで分かりにくい支援策が自分に該当するかなど、個別相談（対面のほかオンライン、電話）が可能

が発表されていますが、これも時代とともに変化します。新駅開通や生活利便性の向上とともに人気ランキングも変化するので、先を見越しつつ自分軸で暮らし方に合った見極めを。住み心地に直結する環境や制度は自治体ごとに大きく異なり、子育て環境の充実に力を入れた自治体には実際にファミリー層が急増しています。私が引っ越して最も戸惑ったのは自治体の違いによるごみ出しルールで、同じ自治体でも学区や町内会、同じ駅でもエリアによって住み心地は異なります。

確認ポイントは交通、教育、携帯電波、買い物、生活インフラなどの日常生活面だけでなく、急病の際の病院や防災対策など非常時も想定して多々あります。インターネットなどでも収集可能な情報もありますが、最後の判断材料は「人」です。お祭りなどの地域イベントに参加してみて特徴を肌で感じ、人と接し、本音の住み心地などの生情報を得て、これからの暮らしをイメージしましょう。

新常識
036

住む前に知りたい災害危険度

↓ハザードマップ確認は必須、古地図や地名にもヒント

関東大震災から100年、東日本大震災から10余年、今年も地震や豪雨などの自然災害が各地で発生し、改めて土地の利便性だけでなく地盤や安全性にも関心が集まっています。地盤強度は土地ごとに異なるため、通常は売買契約後に建築のための地盤調査をしますが、土地を探し中なら少しでも早く安全性についての情報も欲しいところです。

確認必須なのは、各自治体の「災害ハザードマップ」です。「洪水」「内水」「高潮」「津波」「土砂災害」「火山」などの災害別になっており、国土交通省のサイト「不動産情報ライブラリ」ではこれらを集約し、各情報を重ねて見ることもできます。情報は不定期ながら更新もされるので、土地勘のある場所であっても必ず最新情報を確認しましょう。

地名も過去からのメッセージが込められた、大きなヒントです。水に関連する「沢」「沼」、低い場所を意味する「深」「谷」などが付いた地名は、地盤が軟弱である可能性大。水が行き詰まった谷を意味する「渋谷」も、地下に渋谷川が流れるスリバチ状地形。かつての川も今は開発・整備で暗渠（あんきょ）や緑道になっているため、現地では暗渠、標高表示、周辺の住宅の塀などに注意。古地図を現代の地図と対比させると、開発前の姿が見えてきます。町村合併などのタイミングで地名変更されていることもあるため、旧地名も要チェックです。

災害リスクを知り、それに応じた対策を

災害リスクは土地ごとに異なるため、ハザードマップは必ず確認。何らかの危険に該当した場合「危険度」を確認して、リスクを踏まえた判断を。自然の豊かさと危険は隣り合わせ、適切な対策と避難シミュレーションは必須だ

地震

地盤強度を知り、それに合わせた基礎や耐震性能を選択すること対策の最大のポイント。地盤強度は土地ごとに異なり、正式には契約・引き渡し後に地盤調査で確認するが、土地探しの所有権がない段階なら周辺地域の同規模工事の地盤改良工事事例も参考に

洪水

大雨などで川の水位が増加することによって、堤防を越えて道路や住宅地に浸水する水の災害。「水害」は、標高や過去の災害事例などからある程度予測可能なので、必ずハザードマップと避難経路などを確認しておこう

土砂崩れ・噴火

土砂崩れは地震・大雨・火山活動などが引き金となって発生、山が多くしかも崩れやすい土でできている日本では古くから災害が多い。かつて土砂崩れの危険があった崖地が「蛇崩（じゃくずれ）」など、地名にも災害の名残がある

新常識
037

情報が少ない「土地探し」のコツ

↓ 行き詰まったら条件を広げ、建築依頼先にも頼る

家を建てる気満々なのに肝心の土地が見つからない、大幅予算オーバーの土地しかなくて上物が建たない……。そんなお悩みの原因は地価の上昇だけでなく、マンションや一戸建てに比べて、土地単体の情報が極端に少ないから。地域限定で更地を探すと、予算内の候補さえ見当たらないことも多々あり、心折れて家づくりそのものを挫折しがちです。

土地探しのコツは、とにかく条件を広げて探すこと。「更地」「分譲地」のみに限らず対象を「土地（古家あり）」に広げ、それでもなければ「中古一戸建て」も土地情報の一種と考えてチェックします。「分譲戸建て」「建築条件付き」でも、建築前なら交渉次第で希望が叶う可能性もあります。エリア限定なら現地をまめに歩いて、空き家や空き地をチェック。ご近所からのクチコミで売り出し情報をいち早く得たという例もあり、ツテもフル活用。複数の不動産会社に条件を伝え、並行して探してもらうのもいいでしょう。

一番効率的なのは先に建築依頼先を決めて、プランを検討しつつ希望の家が建つ土地を一緒に探してもらうこと。建築会社の取引先や関連不動産部門などの独自ルートを利用して、プロの眼で探してもらうと可能性も広がります。土地探しがネックだけに、複数の依頼先候補に声をかけて土地を見つけた会社と正式契約、というのも賢い手段です。

土地探しと建築計画は同時進行で一石三鳥

建築依頼先と一緒の見学は土地が見つかりやすいだけでなく、建物費用の目途もつくため総額で予算オーバーするリスク回避に。さらに土地契約後に慌てて依頼先選びや住宅ローンに必要な設計を急ぐ時間ロスもなく、まさに一石三鳥。タッチの差でほかの人に売れてしまうこともあるため、申し込みをしてすぐに手付金（物件価格の10％が上限）を払えるよう現金の心づもりしておく、などでも本気度の差が出る

新常識
038

ハンデのある土地こそ設計力勝負

↓狭小・変形地や傾斜地を逆手にとった個性的な建物に

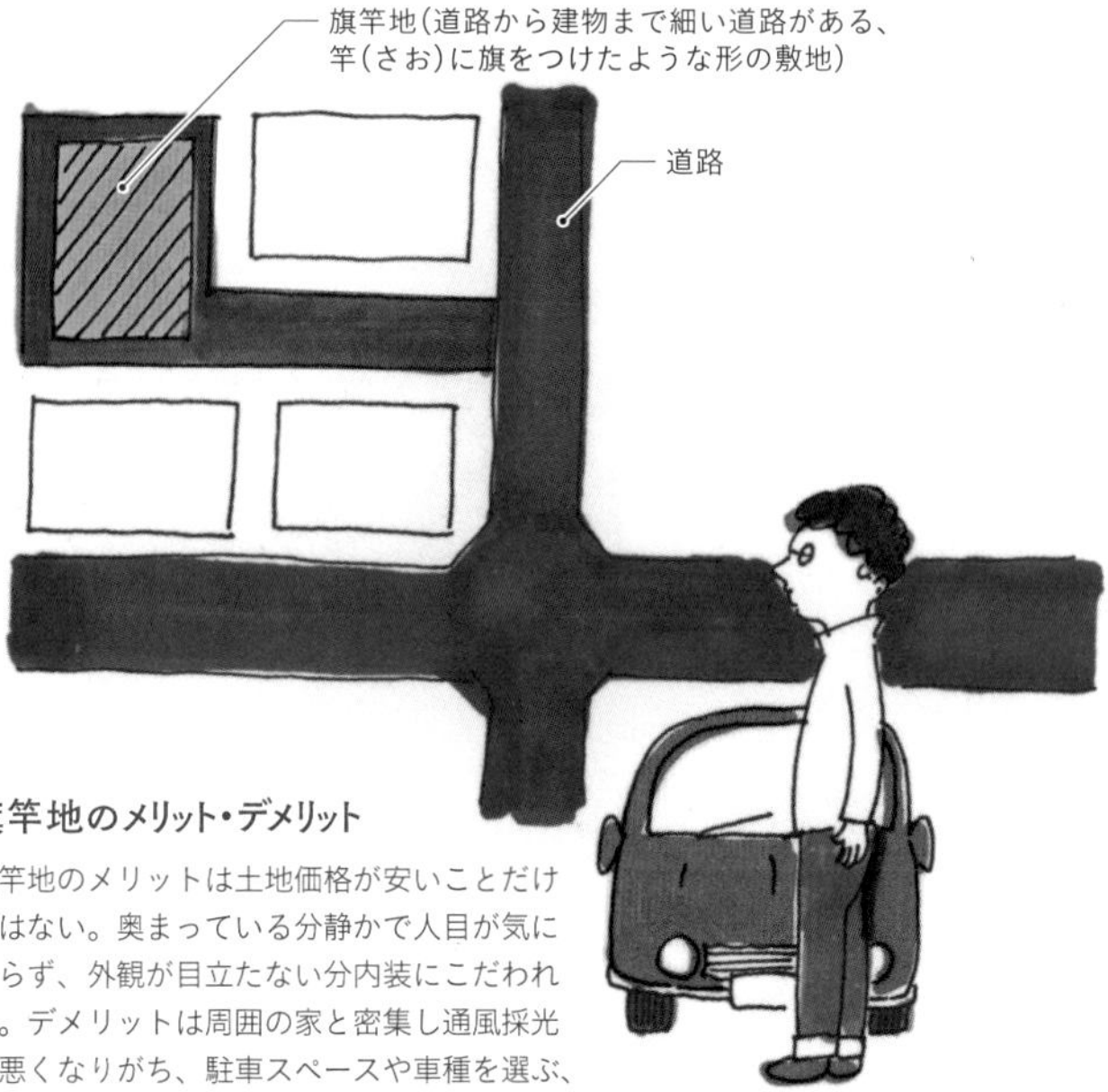

土地探しが難航した場合、正方形や長方形の整形更地だけでなくハンデがあるとされる土地にも目を向けてみましょう。三角形などの変形地、敷地延長の旗竿地、狭小地、傾斜地などは整形地より確実に割安です。同じ総予算でも土地代を抑えれば、その分建物や外構にかけられる予算比率は高くなり、間取り・設備・素材にもこだわって満足度を上げることができます。

旗竿地の一見無駄な敷地延長部分が植栽や照明で洒落たアプローチに、現地まで急坂な傾斜地が絶景のおもてなし空間に、設計の力で生まれ変わるのです。注意点は、基礎の補強費用や搬入の手間賃など工事費への影響。建築家など依頼先と土地探し段階から二人三脚で動くことで、工夫やアイデアを生かし、ハンデを克服した独自性のある建物が予算内で叶いやすくなります。

旗竿地(道路から建物まで細い道路がある、竿(さお)に旗をつけたような形の敷地)

道路

旗竿地のメリット・デメリット

旗竿地のメリットは土地価格が安いことだけではない。奥まっている分静かで人目が気にならず、外観が目立たない分内装にこだわれる。デメリットは周囲の家と密集し通風採光が悪くなりがち、駐車スペースや車種を選ぶ、建築やメンテナンスのコストアップだ

新常識
039

土地も所有にこだわらず借地や共有で
↓ 将来のデメリットより今のメリットを享受

土地の一部をシェアする新しい分譲形態も

エンジョイヴィレッジ（※）の分譲地は、建築条件付きスケルトン設計の建物で一体感を保ちつつ、連続した敷地の一部をシェアしてBBQスペースやサウナ小屋などを設け、お隣さんたちと共有使用するいわば小さな街づくり。通常の宅地分譲が自己主張した家を塀で囲み、チグハグな街並みになるのと対局な、土地もシェアして共に暮らしを楽しむ新発想だ

土地探しで苦戦したら、発想の転換を。所有権へのこだわりを捨てて借地を選べば土地代は安く、固定資産税も大家さん持ちです。購入後は賃料の支払いが発生しますが、新築や建て替えも可能な借地や期間を定めた定期借地権もあります。京都や鎌倉など神社仏閣の借地利用が多いエリアなら、グンと選択肢が広がります。

子供や孫に資産を残すことを考えて借地権をデメリットととらえる人もいますが、大切なのは不確かな将来より今。シングルや子供がいなければなおさら、現在の使用価値こそ重要。現代の法規制を満たさないため再建築不可の物件も、手の入れ方次第で長く暮らせる家になります。相場は借地権で6～7割、再建築不可は半値以下など確実に安いのが大きな魅力。一方、ローンが組みにくく金利も高めになるのでご注意を。

※「エンジョイヴィレッジ」https://enjoy-village.com/

新常識 040

情報は質と信頼度を見極める

↓インターネット情報は発信元と相性をチェック

気になることがあれば、まずはインターネット検索やAIチャットで瞬時に答えが並ぶ、便利な時代です。しかし検索結果は、公的事実も偏った個人的意見も玉石混合に表示され、自分にとっての「正解」とは限りません。また、たとえば一度スニーカーの検索をすると、その後スニーカーの商品広告が追いかけてくるように、情報は逆利用もされています。気軽に情報が手に入るからこそ、内容はもちろん情報発信元のメディア（サイト）や発信者個人の信頼度の確認も重要です。中立的、かつ客観的情報で信頼できるか。広告的意図や偏りがないか、情報を鵜呑みにせず価値観が合っているか相性を見極める力も必要です。

家選びにも当然相性があり、担当者が違えば同じ会社でも大満足の仕上がりになることも意思疎通がうまくいかないこともあります。また、私にとっていい会社や担当者が、他の人にとってベストとも限りません。例え正しい情報でも、時代の変化や流行に合わせたアップデートが必要なケースもあります。

私は「いい会社を紹介して」と言われたら、最新情報で複数社を検討できる各種相談所を案内します。個別に紹介する場合は、会社でなく相性がよさそうな個人を指名します。情報に振り回されず自分に合ったものを選び出すには、発信者の信頼度と相性が大切です。

ネット検索は数字に幅を持たせよう

インターネット検索する際のコツは、最初は条件に幅を持たせて絞り込んでいくこと。「駅徒歩10分以内」で検索するあと一歩先の11分を、「予算3,000万以下」で探すと値下げ可能性のある3,200万円を見逃す。数字は曖昧さがない分、まずは条件に余裕をもたせて検索後に調整を

新常識
041

不動産の物件チラシを読みこなす

↓ 価格や面積以外の小さい文字に重要情報あり

不動産を探す時、物件情報の何を見ますか？ 価格、広さ、駅や徒歩分数までは当たり前、そこから先の情報をどこまで読みこなせるかが目利きポイントです。

不動産広告は、表示すべき項目が「不動産の表示に関する公正競争規約」で定められています。インターネットなら同じフォーマットで情報が並んでいますが、不動産会社独自の物件チラシは、大きな文字に目が行くようデザインされて小さい文字を見落とすことも。「広いわりに安い」と思ったら、理由は詳細情報に書かれているはずです。「土地の権利形態」が、所有権でなく借地権や期限付きの定期借地。「私道負担・道路」では土地の価値が決まるともいえる接道を確認、私道分やセットバックが多いと土地が広くても小さな建物しか建ちません。「土地状況」が更地でなく古家ありなら別途解体費が、「設備」でガス・水道・電気などのライフラインが配管済みでなければ距離に応じた工事費が別途必要です。「その他特記事項」や「備考」は、募集するにあたって記す義務がある情報がすべて詰め込まれる最重要チェックポイント。他人の敷地を通らないと家に入れない、地域独特の厳しい制限がある、「別途説明事項あり」の記載は、事故物件の可能性も。気になる物件は細かな文字こそ注目し、漏らさずチェックしましょう。

小さい文字こそしっかり見よう

下図は、不動産広告チラシのチェックポイントをまとめたもの。会社によってチラシの書式が異なるが、記載される必須情報や項目は基本的に同じ。また、不動産広告において「他社や他の物件よりもこの物件は優良」とミスリードさせるような言葉を使うことは禁止されているため、例えば「最高」「格安」などの言葉が使われている広告や広告主には要注意

「土地面積」が広くても、私道負担やセットバックや傾斜地があればその分住居面積が少なくなる

所有権か借地権か。借地権であれば借地料も確認する

敷地の「接道状況」は、土地の価値を決める。基本4m以上の公道に2m以上接していない場合、建替え時に規制あり

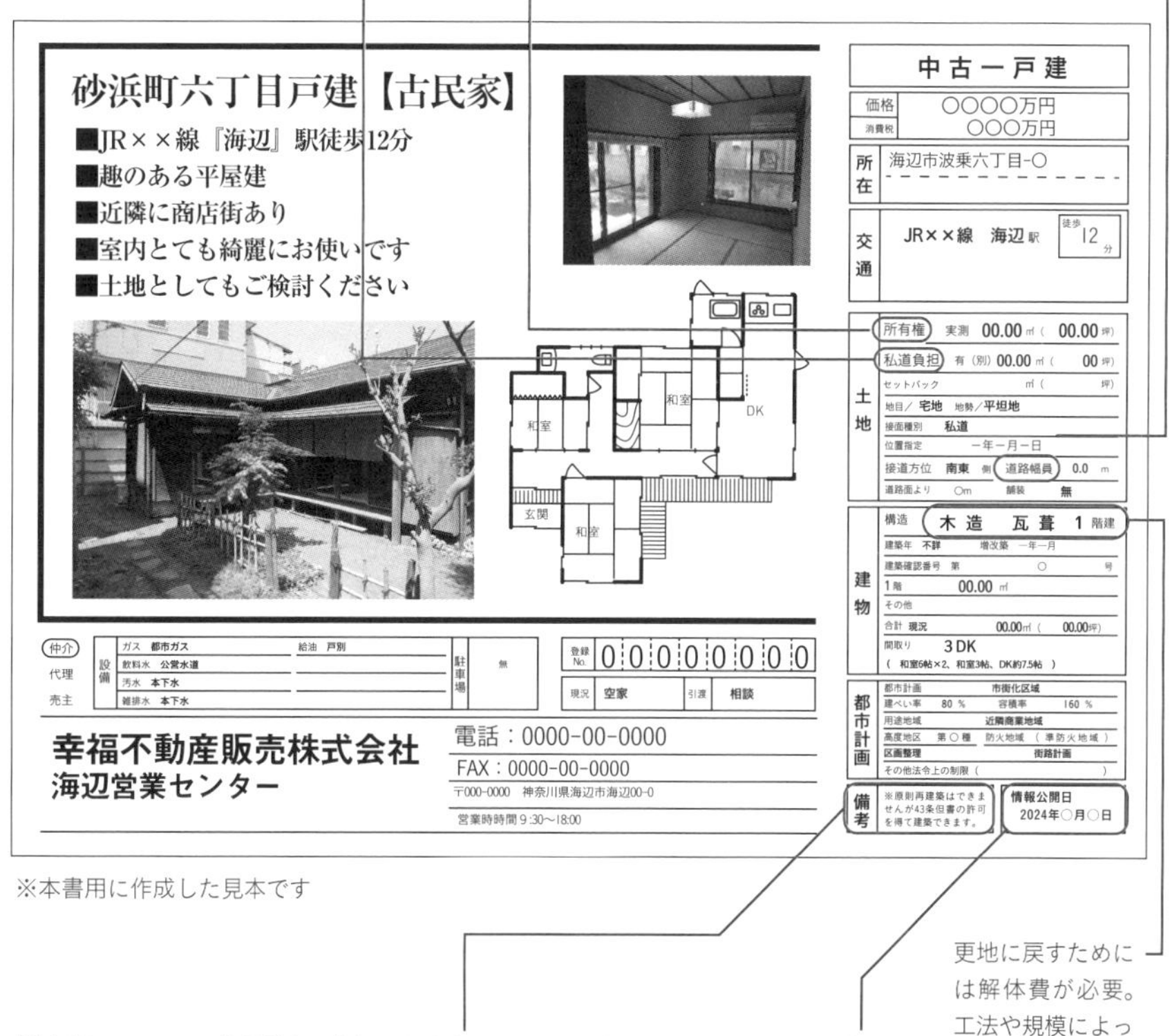

※本書用に作成した見本です

更地に戻すためには解体費が必要。工法や規模によっても異なる

「備考欄」には、その物件特有の情報や注意事項が記載されることが多いので、必ずチェック。道路整備の予定や今後の周辺事業計画などが書かれている場合も。特に「告知事項あり」の記載があった場合には要注意。告知事項とは「契約において買主に告知しなければならない物件の重大な瑕疵や事実」を指し、土地や建物の不具合や事故物件などの可能性もある

物件情報の最後にある「情報公開日」も大きなヒント。公開日が直近であれば市場に出たばかりの新鮮な物件、3ケ月以上たっていればその間売れていないの物件なので価格交渉のチャンスがあるかもしれない

新常識
042

現地見学に大活躍のGoogle（グーグル）マップ

↓便利機能でシミュレーション、チェックポイントを絞る

現地は複数の眼でチェック

現地見学は、住む家族全員で行くのが理想。条件が固まっていなければ判断基準を確認、お子さんやお年寄りは歩くスピードや目線も異なる。土地勘がないエリアなら地元に詳しい友人、築古の一戸建てなら建築士や住宅診断士などと同行すれば判断が早くなる

地図アプリのGoogleマップは、住まい探しに大変役立つ、方向音痴にも心強い味方です。土地勘のない現地までの乗り換えルート、勤務地や実家などよく行く場所からの所要時間、周辺の店舗情報やクチコミ、公共施設や駐車場の場所なども即座にわかります。

住所末尾や近くの目印がわかれば、「ストリートビュー」機能で現地までの道のりをシミュレーション。駅前から現地まで歩いていく感覚で、周辺をリアルにチェックできます。「地形」機能では高低差が、「航空写真」では上空から見た実写で建物や地形もリアル、全体像を把握するのに役立ちます。実際現地に行くと、周辺建物等に遮られて位置関係がわかりにくくなります。日当たりや眺望に影響する方向に何があるか事前のチェックなど、見学前の予習にも、見学後の情報整理にも大活躍です。

新常識
043

比較検討は絞った三者択一で

↓掛け持ちOKで候補はまず最大化、一目惚れはひと呼吸

モデルルームで一目惚れは即決OK?

フラリと見学したモデルルームで一目惚れ。実はよく聞く話ですが、できれば即決せずに対抗馬になりそうな条件を少し変えた3物件を念のため比較してみよう。比べるコツは同じ、このワンクッションが納得の選択につながるはず

不動産会社を掛け持ちするか、一社に絞るか、希望物件はどちらが見つかりやすいでしょうか。物理的には何社でも掛け持ちOKなので、気になるエリアや好みの物件を扱う会社など、まずは複数の会社と接触を。

見学した物件は、感想を伝えることで希望条件の理解を深めてもらえます。検索して気になった物件があれば他社でも見学可能な場合が多いので、一方的に提案をうけるだけでなく情報の共有も有効です。同時に複数社とこれらのやり取りするのは時間もパワーもかかるうえ、情報も重複します。最初は掛け持ちでも、徐々にコミュニケーションがとりやすい担当者や情報が入りやすい会社に絞っていきましょう。物件でも担当者でも、比較検討のコツは共通。多くの候補から3件程度に絞って具体的に比較検討、最終的にベストなひとつを選択、です。

新常識
044

見学時はスマホとメジャー必携

↓大きな家具や電気製品の配置で暮らしをイメージ

いまどきの物件見学時の必需品筆頭は、カメラ代わりにもなるスマートフォンです。記録代わりの写真はもちろん、動画も撮影しておくと現地では気付かなかった細部の確認にも重宝します。照明がない部屋や収納内部などの暗い場所では、スマートフォンのライトも役立ちます。もちろん、専用のカメラや懐中電灯を別途持参してもいいでしょう。

メジャーも必携アイテムです。チラシなどに掲載されている間取り図は簡略化されていることも多く、現況とは異なっていることもあります。ちょっとした梁の出っ張りやドア位置でベッドや収納家具が収まらないトラブルも。壁の端から端（内寸）、ドアのサイズや位置、梁などの出っ張り、冷蔵庫や洗濯機置き場のサイズなどをメジャーで実寸、間取り図にメモしましょう。窓サイズは、すぐにカーテン選びで必要になるので忘れずに。

近年、電化製品は増える一方なので「コンセントの数や位置」「総アンペア数」も、必確認です。特に古い物件ではコンセント自体が少なく、延長コードやタコ足配線で危険かつインテリアの邪魔に。またマンションは全体の電気容量の関係で、契約アンペアを個別に上げられないことも。特に仕事柄電気機器類を多用する人は、電気容量や携帯の電波状況も要チェック。同じく個別に変更できないシャワー水圧も、チェックの定番項目です。

まずは大きめの家具配置をイメージ

ベッド、テーブル、ソファ、冷蔵庫などの主だった家具が決まっていれば、サイズを一覧表にして持参。クイーンサイズベッドやピアノなど人より大きいものは、置き場所だけでなく搬入経路の確認を。イメージしにくい場合、ベッドなどと同じ大きさの新聞紙や紐を用意する原始的手段も役に立つ

新常識 045

見た目に惑わされず本質チェック

↓自分では変えられない周辺環境や共用部分を見る

マンションのモデルルーム見学などでは、素敵なインテリアや最新の設備に舞い上がりがちです。もちろん入居後の参考にはなりますが、現地見学時は表面的なものに惑わされず、個人では変えることができない「物件の本質」の確認を優先させたいもの。

なかでも周辺エリアの環境チェックは欠かせません。雰囲気や立地、コンビニエンスストア・病院・学校・スーパーなど生活必需施設の有無や距離は特に需要です。たとえ車で案内してもらっても、電車通勤であれば改めて駅からの道のりを実際に歩きましょう。道中に魅力的な店があるか、夜道の照明などによっても心理的距離は違うもの。駅から徒歩10分圏と考えていたとしても、歩いてみて楽しければ範囲を広げることもできるでしょう。朝晩、平日・休日でも雰囲気が変わり、治安や音が気になることも。見学はたいてい休日の昼間なので、ライフスタイルに合わせて、複数回現地に足を運ぶことをお勧めします。

窓からの景色も、変更不可能なポイント。景観を重視するなら、それを妨害する建設予定地などがないかも確認します。東京タワーの眺望にこだわってマンションを購入した友人は、目の前に建物ができて眺望が台無しになり賃貸派に転向。集合住宅なら、玄関ホールやゴミ捨て場などの共用部から、管理状況や住人のマナーなどの住環境を推察できます。

駅から物件までを重点チェック

駅からの物件までの徒歩時間は、「1分80m」で計算するのが不動産表記のルール。もちろん個人の歩くスピード、信号や踏切の有無、時間帯によっても所要時間は変わるので必ず歩いてみよう。なお駅の起点は「物件に一番近い駅出口」で改札口ではない。出口が複数あるターミナル駅などは、実際に電車に乗るまでの時間をチェック

昼間と夜の雰囲気をチェック

眺望を重視するなら
周辺の計画もチェック

マンションは
共用部をチェック

新常識
046

現地見学時は「五感」をフル活用

↓ 運命の物件は「第六感」でわかると経験者は言う

現地見学で最も役立つのは自分自身の「五感」、そのために足を運ぶといっても過言ではありません。五感とは、人間が感知する「視覚」「聴覚」「触覚」「嗅覚」「味覚」です。

人は見た目が9割といわれますが、同様に物件も「視覚」からの情報は重要です。外観はもちろん、室内、窓からの景色など全てしっかり見ましょう。住宅密集地で窓の正面に隣の窓が面していたとしても、間取り図からはわかりません。「聴覚」は個人差が大きく、夫婦や親子でも感じ方が異なるポイントです。道路や線路など音を発する施設が近い環境なら、就寝時を想定して確認を。距離に関係なく響く音もあり、住んでいるうちに慣れることもありますが不確定要素です。同じく「嗅覚」も個人差あり。見学時にカビや下水の臭いを感じる家は、住んでから結露やカビ、排水管のトラブルなどに悩まされる危険性も。「触覚」では、壁や床、キッチンの素材など、身体に触れるものを確認。素材やグレードは質感や触感に表れ、毎日触れるものだけに重要です。「味覚」も、私のような食いしん坊には外せません。食生活を支えるスーパーや商店の品揃え、外食できる店の有無もチェック。

最後に忘れてはならないのが、「第六感」です。実際に住宅購入者の多くは、「ピンときた」と第六感で運命の出会いがわかったと言います。

新生活のワクワク度を全六感で

私の住宅購入は二回とも一目惚れで、即決。運命の物件は、見学時に新居で楽しく暮らしているイメージが具体的に浮かんでくるものだ。新生活がワクワクしたものになるか、まさにこれが第六感で実際にその通りになっている

新常識
047

迷走したら頭で考え、心で決める

↓ 理想が不明確だと軸ブレ、行動しても決断できない

住宅相談を受けると、すぐに決まりそうなケースと長い道のりになりそうなケースに分かれます。後者は客観的に見て合格点の物件でも、迷っているうちに先を越されたり、周囲の意見で方向性が変わったり。毎週末のように物件見学に出かけて、何十件も見ていながら決断できない人の課題は、「理想の住まいと暮らしのイメージが明確でない」ことです。

理想が不明確だと、軸ブレして狙い球が定まりません。軸ブレで行動すると、その先の決断時に迷いが生じます。契約後に不安になり、手付金を放棄するなどの手痛い出費になるケースも見ています。私自身、「引っ越したい」と言いつつ十年以上物件探しを繰り返して決断できなかったのに、いまの古民家は見学して即日申し込みをしたほどの一目惚れです。5章の事例で紹介した中屋さん（P194）も、家族で熱海に移住したにもかかわらず、実際に見学した物件はたったの3軒で即決断。短期決戦の勝因は、暮らしの理想が明確であること。必然的にチェックポイントも絞られ、決断も早くなり、迷いも生じません。

長年決められないという方は、もう一度条件整理（P54〜）に戻って、ワクワクする暮らしの理想像をとことん突き詰めてから優先順位と諦めポイントを見直しましょう。理想形が絞れないときは、タイミングがまだ早いという事かもしれません。

頭だけで考えると軸ブレする

「引っ越したい」が口癖で、種別問わず通算100軒近く見学しても決められなかった、私の軸ブレ黒歴史。当時物件見学に付き添ってくれた友人に古民家移住を報告したら、「家も新しい方が『気』がいいから新築、と力説していたよ」と笑われた。希望条件は頭で考えすぎず、新居での暮らしがリアルに想像できてワクワクするか、心で決めることも大切だ

新常識
048

リノベ前提なら水回りと構造を重視

➜抜けない壁もあり、プランやコストに大きく影響

リフォーム前提の中古物件見学なら、コストを大きく左右するキッチンや浴室などの「水回り」と「構造」をチェック。水回りは毎日使用する場所だけに目に付きやすく、気になるもの。キッチンを入れ替えるとなるとグレード次第ですが、40万～100万円プラス工事費がかかります。単純な設備の入れ替えだけでなく、広さや位置など間取り変更を伴うと、設備代だけでなく配管や床などの工事費も発生。水回り設備の耐用年数は10～15年ですが、元のグレードや使用状況等でも大きく異なります。築10年なら部分的な確認・交換、20年なら設備の入れ替え、30年なら給排水設備含めて全面リフォーム、がひとつの目安です。

リフォームで広い空間を作りたい場合、構造上壁が抜けるかどうか現地や図面で確認。マンションの場合「管理規約」によってフローリング不可、水回りの移動不可などプランや素材が制限されることもあるため、大規模修繕履歴とともに規約の確認も必須です。一戸建てなら、法律をクリアすればリフォームは自由。その分、築年数だけでなく工法や素材、地盤、使用状況やメンテナンスも個別性が高く、チェックポイントも複雑に。古い物件になると、建築時の設計図や仕様表、リフォーム履歴などが不明なものも多く、専門的な判断が必要となります。

「共用部」はリフォームできない

マンションは、「専用部」と「共用部」に分かれる。エントランスホールやエレベーター、共用廊下などはもちろん、居室内でもベランダ、窓・サッシ、玄関ドア（※）なども共用扱いで原則勝手にリフォームできない。管理規約の確認を

共用部の例

こんなところも共用部

※ 一般的には、玄関ドアの外側は共用部、室内側は専有部として扱われる

新常識
049

マンションは築年数でなく「管理」で選ぶ

↓ヴィンテージマンションの魅力は見た目や立地だけではない

築年数が古く敬遠されるマンションと、人気が衰えないヴィンテージマンション、この差はどこから生まれるのでしょう? ヴィンテージマンションの代表的魅力は「希少な立地」、古さを感じさせない「デザイン」、そして資産価値を支える適切な「管理」です。

管理の良し悪しで建物コンディションは大違い、日々の清掃や適切なタイミングでの修繕計画の積み重ねが20年30年の時間経過で大きな差となります。ヴィンテージマンションに限らず建物の管理は重要な確認ポイントで、一見してわかる「立地」「デザイン」に対して「マンションは管理で選べ」と言われるくらいなのです。

現地での管理状況チェックは、外観やエントランスまわりから。外壁やエントランスの汚れや傷、植栽の状況、集合ポスト周りが雑然としていないか。駐輪場やゴミ置き場、玄関ホール周りの掲示物の内容などからも、住民のモラルが垣間見えるでしょう。管理組合の収支報告書や工事履歴では、長期修繕計画のもと大規模修繕工事が実施されているか、修繕積立金の状況などをチェック。長期修繕計画がないと維持管理に必要な工事が実施できていない、積立金不足のため一時金負担発生、などのリスクが生じます。購入後にただの古いマンションになるか、古き良きヴィンテージ感を醸し出すかは、管理で差がつくのです。

管理が建物価値を維持する

管理状態のいいヴィンテージマンションやタワーマンションは管理組合がしっかり機能し、建物価値が維持されている。一戸建てもしかり、自ら適切な管理とメンテナンスに努めることが資産価値を維持するうえで必須だ

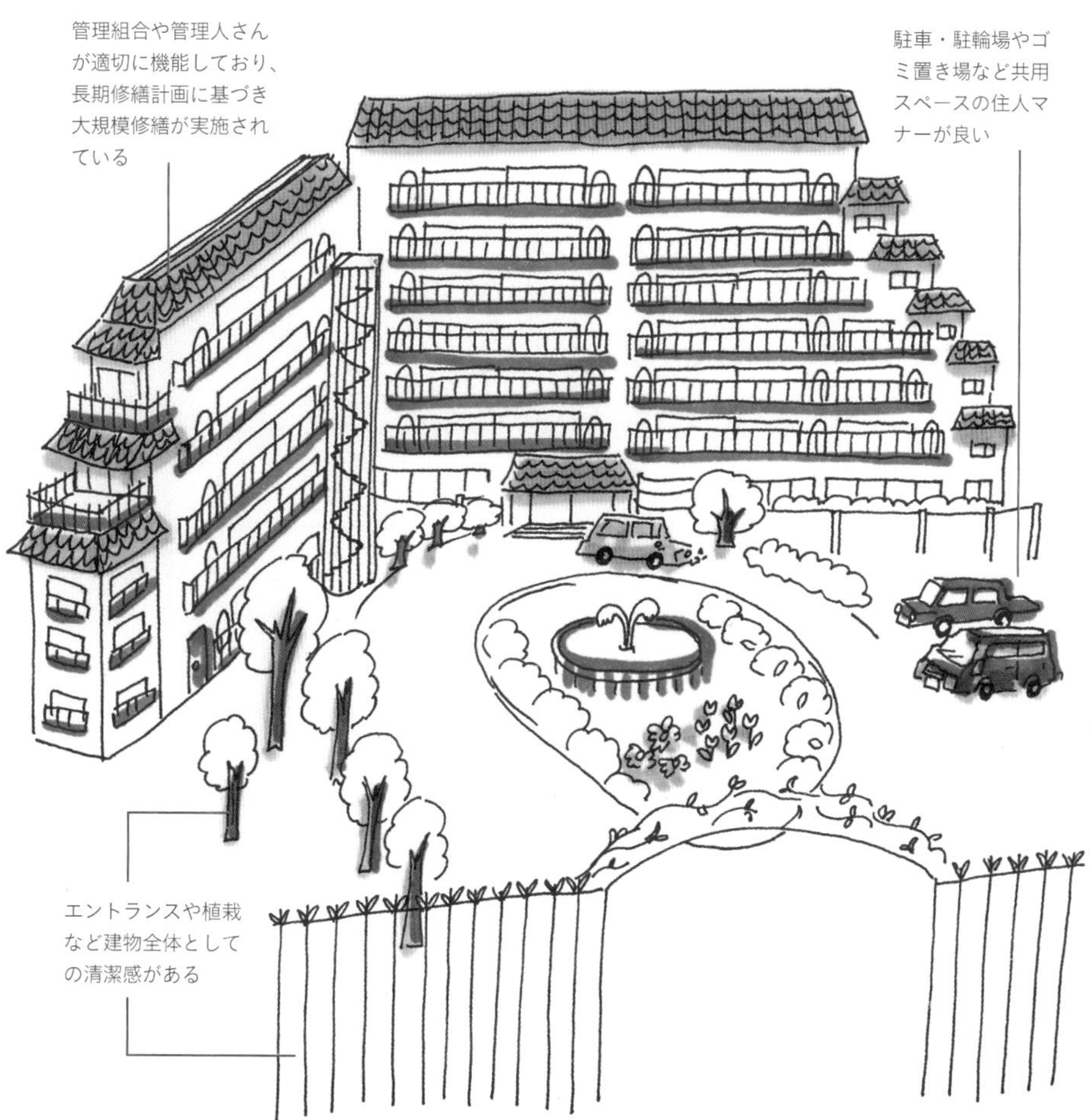

新常識
050

住宅ローンも商品、必ず比較検討を

↓固定・変動、期間などの返済計画はライフプランで決める

初めての住宅購入で多いのは、担当者から勧められた住宅ローンをそのまま契約というパターン。支払い始めてから返済プランが合わない、もっと安い金利の銀行や返済パターンがあったなどの後悔も。そもそも不動産会社や建築会社の提携ローンだけでなく、銀行ごとのプランやオンライン完結する分金利が低いネット銀行など様々な特徴の商品があり、特に指定がない限り選択可能なのです。金利で選ぶのは大原則ですが、ポイントサービス、団信などの各種保障の付帯サービスなどで差別化も図られています。

更に重要なのは、返済計画です。今は金利が低い変動を選ぶ人が多いものの、一定期間ごとに金利が見直されるため将来の返済額増加リスクもあります。金利が割高でも、完済まで返済額が変わらない安心感を重視するなら全期間固定金利です。

かつて私は、賞与額のアップダウンが大きかったためボーナス払いなし、高金利時代だったので変動金利、期間は最長でなく確実に働けるであろう25年で設定しました。ファミリーでも子育て休業中でこの先共働き復帰によって収入が増えると見込むか、子供の教育費などで今後更に生活費が嵩むと見込むかによっても選択は異なります。目先の金利や支払額だけでなく、ライフプランや総支払額を考慮して最適な住宅ローンを選びましょう。

住宅ローンの金利タイプと返済方法

金利タイプ

全期間固定型

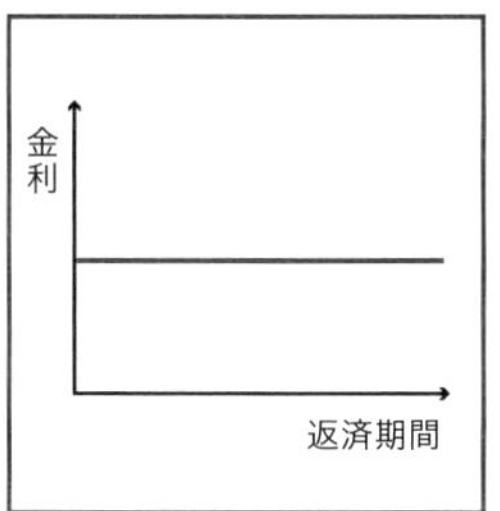

フラット35など、融資実行時や申込時に金利が固定されるもの。支払額が変わらない安心感あり

変動型

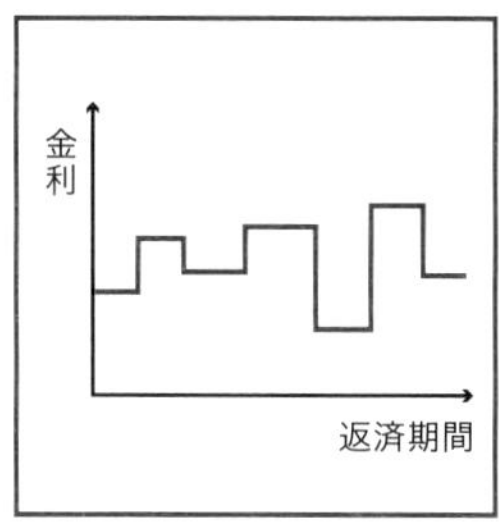

金利が半年ごと、返済額が5年ごとなど定期的な見直しがあるもの。現状は固定型より低金利

固定期間選択型

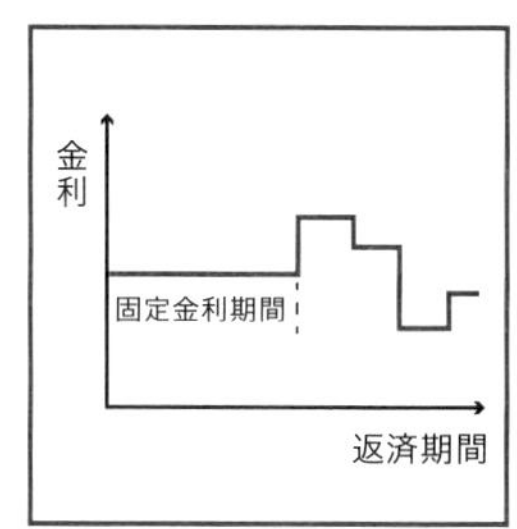

金利が変わらない期間を3年、5年、10年など選び、その後変動型か固定型かを選ぶ折衷案

返済方法

元利均等返済

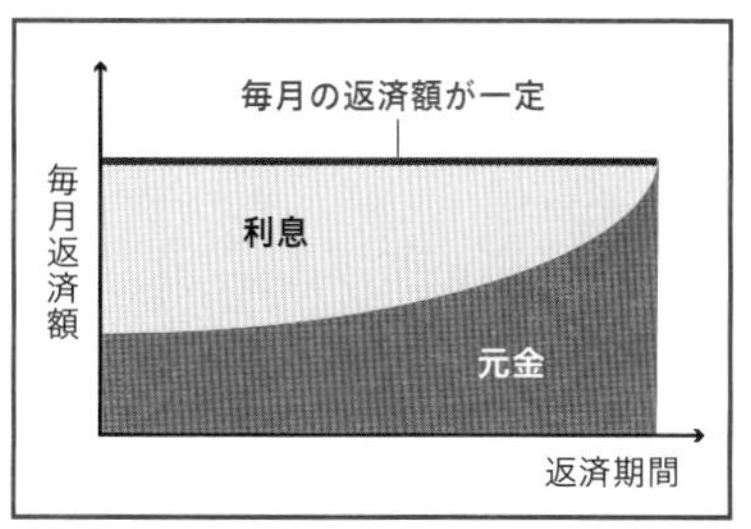

返済額が毎回同じの返済方法。返済当初は元金より利息の割合が多く、総支払額は多くなる

元金均等返済

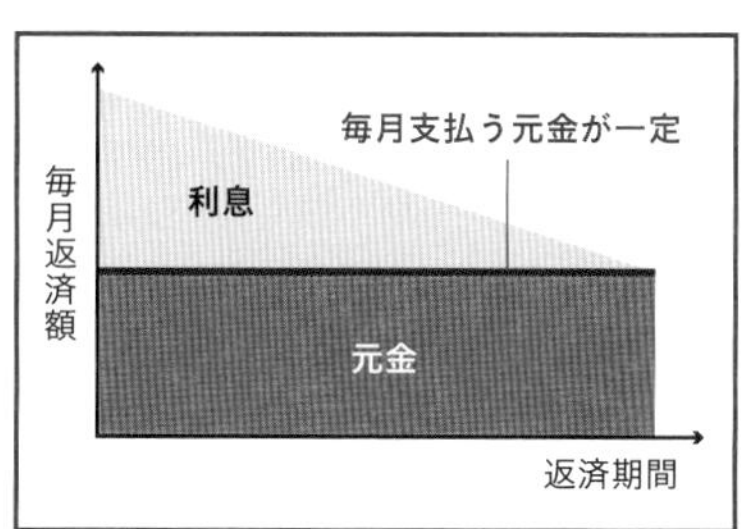

全期間均等割の元金に残元金分の利息を加えて支払う。当初の支払額は多いが総支払額は少ない

ローン審査では、2〜3年分の収入を確認する源泉徴収票を求められることが多い。同じ会社員でもアップダウン激しい歩合制より安定収入、独立したばかりの自営業より安定した公務員のほうが有利。カードローンなどの借り入れや過去の支払い遅延などで目的のローンが通らず金利の高いローンしか選択肢がないという例も

新常識
051

総費用は物件価格だけではすまない

↓新居に住むまでに必要なお金を時系列で把握

新居に住むためにかかるお金は、当然物件価格だけではありません。賃貸住宅であれば、家賃に加えて初期費用として前家賃や敷金・礼金、仲介手数料、各種保険や保証料、引っ越し費用など、地域差もありますが家賃の4～5倍のお金が必要です。

中古のマンションや一戸建てを購入するなら、物件価格のほか手付金、仲介手数料、各種保険料、登記費用、印紙代、引っ越し費用、不動産取得税などが必要。これらの諸費用はケースバイケースですが、物件価格の1割程度見ておきたいところ。タイミングも契約時、引き渡し時、住んだ後忘れたころなどバラバラやってきて、現金で用意する必要があるものもあり、必要金額を時系列で把握しておく必要があります。

一戸建てを建てる場合、坪単価などで表記される建物本体価格だけでは実際に住める状態になりません。電気・ガス・水道などのインフラ設備工事、土地に古家があれば解体・造成工事、造園や外構なども別途工事扱いが多いので、どこまでが本体価格に含まれているかは必ず確認を。これらの付帯工事費と税金などの諸費用を合わせると、本体価格の2～3割になります。予算オーバーで泣く人は、これらの見落としが多いものです。いつ、何に、いくら必要か、全体像を確認して、タイミングも心積もりしておきましょう。

物件価格以外にかかるお金とタイミング

ローンの実行と支払いのスケジュール例（注文住宅の場合）

家づくりの流れ	主な手続き	かかる費用
設計	●設計契約（設計事務所に依頼する場合） ●設計者とプランニングの相談	●設計契約金
ローンの申込み	●ローン申込み、必要書類提出	●ローン申込書類代（民間は無料）（ローン申込代行手数料）
施工会社と契約	●工事請負契約	●印紙税　●施工会社契約金 ●建築確認申請費用　など
着工	●着手金の支払い	●解体工事費（建て替えの場合） ●地鎮祭の費用　●引越し代・仮住まい費用（建て替えの場合）など
上棟	●現場審査　●中間金の支払い	●上棟式の費用　●中間金
完成	●竣工（建て主）検査 ●登記申請書類完備の確認	●完了検査申請費用
ローン契約	●ローン契約（金銭消費貸借抵当権設定契約）	●印紙税　●登記関連費用 ●ローン事務手数料　●火災保険料 ●地震保険料　など
引渡し	●ローン実行　●工事残金支払い ●引渡し　●住民票移動　●引越し ●登記	●工事費・設計料残金 ●登記関連費用　●引越し代 ●つなぎ融資利息、ローン事務手数料（つなぎ融資が必要な場合）など
入居	●新築パーティー　●近所挨拶	●不動産取得税●家具等購入費など
	●月々の返済スタート　●確定申告	●固定資産税　●都市計画税

注文住宅建築の場合、度々支払いタイミングが訪れる。手付金や契約金、印紙代、地鎮祭費用など現金での支払いが必要なものも多い。ローンの実行（お金が下りる）のは基本的に建物完成後。自己資金の配分と支払いタイミングの確認・交渉が重要だ

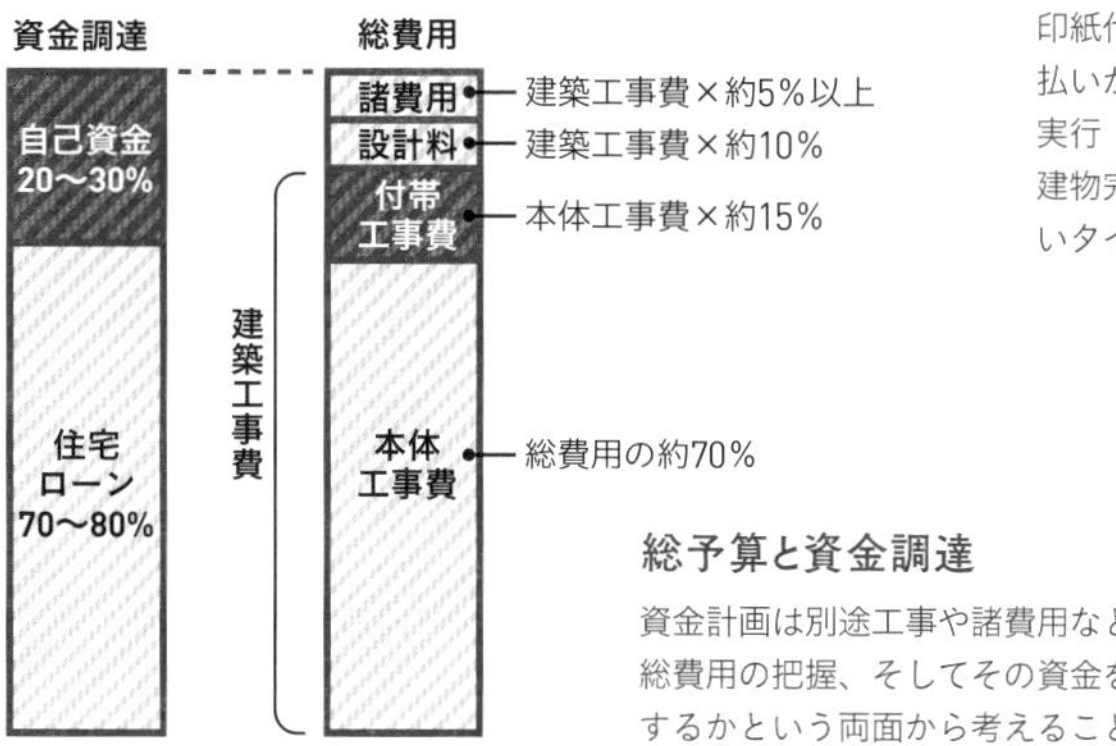

総予算と資金調達

資金計画は別途工事や諸費用などを含めた総費用の把握、そしてその資金をどう調達するかという両面から考えることが重要だ

新常識 052

知って得する税制や優遇措置

バックアップ制度は各年、自治体ごとに異なる

頭金不足で、購入は先送り……!? 頭金は貯蓄額から捻出するとは限らず、住宅取得をバックアップする国や地方自治体の制度も多いのです。条件に当てはまる場合は、これらの制度を駆使して早く動かないともったいないケースもあります。

まず押さえておきたいのは、本来払わなければいけない税金が免除や軽減される「減税」です。祖父母や両親からの住宅取得等資金が最大1000万円まで非課税になる特例(2026年末終了見込み)は、額も大きく頭金の大きな助けになります。確定申告をすることで年末のローン残高に応じた一定額(0.7%)が一定期間(13年間)所得税から控除・還付される「住宅ローン控除」も、住宅取得を後押しする有難い制度です。

「優遇措置」や「補助金」も、条件が当てはまればお得です。国の支援策としては、2050年カーボンニュートラル実現に向けた高い省エネ性能の新築住宅や省エネ改修、子育て世帯や若者夫婦世帯対象の金利優遇や補助金に注目。各都道府県や市町村ごとに、「省エネ助成」「移住支援」「子育て支援」「建替え助成」「同居・近居支援」など独自の制度も。税制は毎年改正され、補助金の内容や額なども各自治体によって異なります。予算上限が決まっているものもあるので、申請方法や条件など新居予定地の最新情報収集はお早めに。

国や自治体のお得情報の一例

今なら祖父母や親から住宅資金の援助も

金利が変動するのはもちろんだが、税制や優遇制度も毎年変更される。住宅取得資金贈与の特例は2023年末終了予定が3年間延長で2026年末まで、現在の住宅ローン控除は2025年末で終了予定。延長可能性はあるものの、支援は全体的に縮小傾向、条件に合う人は急いで！

住宅取得等資金に係る贈与税の非課税措置	住宅取得等資金として直系尊族（祖父母や両親）から贈与を受ける場合、通常の住宅500万円、省エネ等住宅は1,000万円まで贈与税が非課税になる特例。条件に当てはまれば、新築だけでなく土地取得やリフォーム資金も対象となる
暦年贈与	使用目的に関係なく基礎控除となる年間110万円以下の贈与が非課税となる制度で、上記住宅取得等資金贈与の特例との併用も可能。贈与を受ける側の上限が年間110万円、複数の子供や孫に贈ることができるため相続対策としても有効だ
住宅ローン減税	返済期間10年以上の住宅ローンを利用し住宅購入の場合等に、ローン残高の0.7％を最大13年間に渡って 所得税等から控除される優遇制度。建物の条件（新築は省エネ基準適合、中古は新耐震）や、借り手の条件（子育て世帯や若者夫婦世帯に限り上限額引き下げ猶予など）がある
金利の優遇例	省エネ基準適合住宅が利用できる、全期間固定金利の住宅ローン「フラット35」。これより高い基準を満たした住宅を取得する場合や中古住宅を購入して条件を満たすリフォームをする場合は、さらに金利が引き下げられる
国の補助金例	子育て世帯・若者夫婦世帯向けには、新築住宅を取得する際長期優良住宅100万円／戸、ZEH住宅80万円／戸、省エネリフォームを行う場合は原則上限60万円／戸。先進的窓リノベ（ZEH高効率給湯器を導入して最大20万円／台など
自治体ごとの補助金例	省エネ住宅建築、密集市街地の不燃化工事や解体費、建物の耐震診断から耐震補強工事・建替え、三世代が同居または近居するための住宅取得や改修、バリアフリーのための改修補助など自治体ごとの課題に応じて補助制度は異なる

※ 2024年7月現在。毎年変更されるため、最新情報の確認を

新常識
053

家の予算は無理禁物で自ら算出

↓ 借入額は年収割合でなく現在の暮らし方ベースに

ライフスタイルが変わっては本末転倒

貯蓄金額全てを自己資金カウントして残りは住宅ローン、という単純計算は危険。入居までは引き続き家賃も必要、証券は額面通り即売却できるとも限らない。引っ越し代だけでなく万一の病気や子供の教育費などの備えも必要、住宅ローン支払いのためにライフスタイルが変わってしまっては本末転倒だ

貯金などの自己資金（頭金）と借入金（住宅ローン）の合計が家の予算です。新築のモデルルームなどでは年収から限度額を計算して予算算出してくれますが、机上の計算を鵜呑みにしてはいけません。ローンの負担感は、個人やライフプランによって大きく異なります。

実感値のある予算把握には、まず現在の家賃や住宅購入のための貯金額を目安に「今後の住宅費」として毎月返済額を設定。その返済額をもとに、金利、返済年数、ボーナス返済額などの変動要素を加え、借入金額を算出します。オンラインの住宅ローンシミュレーションを利用すれば、諸条件を変えて簡単に計算できます。

住宅ローンは低金利とはいえ借金で、その責任は長期にわたります。予算不足だからと安易に借入額を増やすことなく、無理のない予算を自ら算出しましょう。

3章

こだわりをカタチにする方法

↓注文建築・リフォーム・リノベーション

新常識
054

新居アイデアはいい家から盗む

↓住宅展示場や施工事例を見てイメージを具体化

注文住宅は、自由にプランニング可能なオーダーメイド。完成イメージを明確にして、相性のいい依頼先を選ぶことが成否の分かれ目です。友人知人の素敵な新居、昔から憧れていた家、実際に施工された家の見学会、最新のモデルハウスが並ぶ住宅展示場……、理想を具体化するためには、いい家をたくさん見ることが第一歩となります。

住宅展示場のモデルハウスは、工法、デザイン、使い勝手などの空間提案、断熱・遮音・耐震性能など、住宅メーカー各社の最新情報が満載です。どんな家にしたいか、どこに頼むか、空間の広さやインテリアなど貴重な生情報の宝庫。見どころや比較ポイントも多岐に渡るため、事前に見学テーマを絞って3軒くらいの見学候補を決めておくと、現地で効率的に動けます。「モデルハウスに入ると契約を迫られそう」と敬遠する人もいますが、個人情報の記入を無理強いされることはありません。可能な範囲で見学アンケートに協力、気になることは質問、警戒するばかりでなく積極的に情報を引き出す姿勢も大切です。

「依頼先は営業担当者で決めた」という話も多く、モデルハウスは実は出会いの場でもあるのです。いい家をたくさん見て、コミュニケーションと五感を駆使し、取り入れられるアイデアは積極的に盗み、新居のイメージを膨らませていきましょう。

モデルハウス見学はテーマを決めて臨む

手当たり次第見ると情報過多になり、「何がどう良かったか」混乱しがち。具体的な依頼先選びやプランの参考になるよう、空間提案、インテリアの配色、工法や構造など、気になるポイントを絞って見学。インプットもスムーズ、かつ比較しやすくなる

新常識
055

最新設備は見て、触れて、選ぶ

↓水回り、窓、床材、照明……ショールームは進化している

日本の住宅設備の技術は、世界に誇れるものです。いまや公衆トイレにまで設置されている、外国人にも大人気の温水洗浄便座も、海外で主に医療用だった設備を基に日本で開発して、家庭用にも広く普及したものです。住宅設備は見た目、性能ともに進化著しく、バリエーションも豊富。それゆえ、たとえ基本的な商品知識があっても、設備を決める際には最新情報収集と実物確認のためにショールーム見学は必須なのです。

特に毎日使う水回り設備の選択は、住み心地や満足度に直結します。同じ価格帯でもメーカーや商品によって使い勝手やデザインが異なり、更に同じシリーズでも色や素材の多彩なバリエーションがあります。カタログではとうてい選びきれず、実物を見て質感や使い勝手を自分の目で確認するため、ショールームをハシゴしたくなるのです。

現在の家のリノベーションは外観こそ古民家の風情のままですが、設備については日々の進化を実感しているからこそ、シンプルなデザインの最新機器に全面変更しました。特にキッチンや照明などは、ショールームに図面を持参して無料でプラン提案してもらい、大変役立ちました。ショールームが近くにない場合、オンラインでのバーチャルシミュレーションやプラン提案など相談方法も進化しているので、ぜひ有効活用しましょう。

最新商品をリアルに比べる

小さな見本はイメージが違うことも

手元の小さな素材見本でいいと思っても、それが床、壁、天井一面に広がると印象が異なることも。だからこそ、家の中でも大きな面積を占める内装材やカーテンなどの色、柄、素材えらびは、ショールームや施工例のリアル情報が役立つ

必ず実物を見てイメージを具体化

ショールームでは色、質感、素材、サイズ、使い勝手など、カタログではつかみきれないことを実物で確認。同じ価格帯の白でも、マット、生成り、光沢、パール、木目調……と様々。実物を見ておけばブレもなく、他の設備もコーディネートしやすい

新常識
056

いまどきの家の顔はキッチン！

↓使い勝手もインテリア性も重視される、家主の城に

住まいの設備の中で、進化を一番実感しやすいのがキッチンです。モデルルームでも、グレードの高い物件ほど高級なキッチンが採用され、目を引きます。リフォームでもキッチン変更を伴うケースが多く、最新のシステムキッチンを導入したことで「収納が増えた」「家事効率が上がった」「空間が明るくなった」などの喜びの声も。

私はキッチンの変更を伴うリノベーションを6年間で3回行い、選択したのは全て異なるメーカーのキッチン。プランが異なるのも一因ですが、ほぼ同価格帯でも最新のキッチンを見比べた結果が違うのです。収納やお手入れの工夫、天板や扉の素材、色バリエーション、シンクや水栓など細やかに日進月歩の改良が繰り返されていると実感しました。

かつて台所が女の城と言われ、男子は厨房に入らなかった時代、キッチンは家の北側隅や通路脇に押しやられていました。いまは二世帯同居で嫁姑それぞれの城を守るため世帯ごと2つのキッチンを設けたり、男性も当たり前に料理をするため二人並んで同時に作業しやすいよう広い二列型やオープン型を採用し、作業する天板も高めに設置するなど、プランにも変化が。大人数でキッチンを中心に集まりやすいアイランド型やペニンシュラ型も流行、いまやキッチンこそ家の顔であり家主の城なのです。

キッチンの設備・プランは飛躍的に進化

ひと昔前のキッチンは、狭く暗い家の北側隅の独立型。いまどきは眺めがいい場所や人の集まる家の中心的な場所に配置され、使い勝手だけでなくインテリア性も重視されるように

新常識
057

「建替え」「リフォーム」は見積もり次第

土地を活かし、思いを引き継ぐ。悩んだら費用対効果を比較

建築候補の土地がある場合、選択肢は「新築・建替え」「リフォーム・リノベーション」「住み換え」の3つ。土地に愛着があれば、住み換え以外で悩むことになります。

新築・建替えのメリットは、土地を最大限に有効活用できること。建物配置や規模をゼロベースで考えて、建ぺい率・容積率に余裕があれば二世帯住宅や店舗や賃貸併用にしたり、周辺環境を考慮してリビングなどを2階にして通風・採光を確保したり、現状に最適なプランニングが可能です。一方、リフォーム・リノベーションは既存を引き継ぎつつ、建物価値向上を図って新たな命を吹き込むことができます。セットバックが必要で建替えると規模が小さくなるケースや接道条件を満たさない再建築不可物件などは、既存建物を生かすことが最大の土地活用になります。愛着ある建物の風情や構造を残して全面リノベーション、気になる水回りだけをリフォームなど、選択は建物の状態と予算次第です。

建替えでも、庭木を残す、建物モチーフや建具を生かす、などの方法で面影を残すことも可能。リノベーションでも、痛んだ柱や基礎から補修して新築同様に住宅性能を高めることもできます。建替えかリフォームかで悩んだら、先入観抜きで両方のプラン提案と見積りをとってみて、具体的に費用対効果を長期的視野で比べることをお勧めします。

家を建てるときの基本ルール

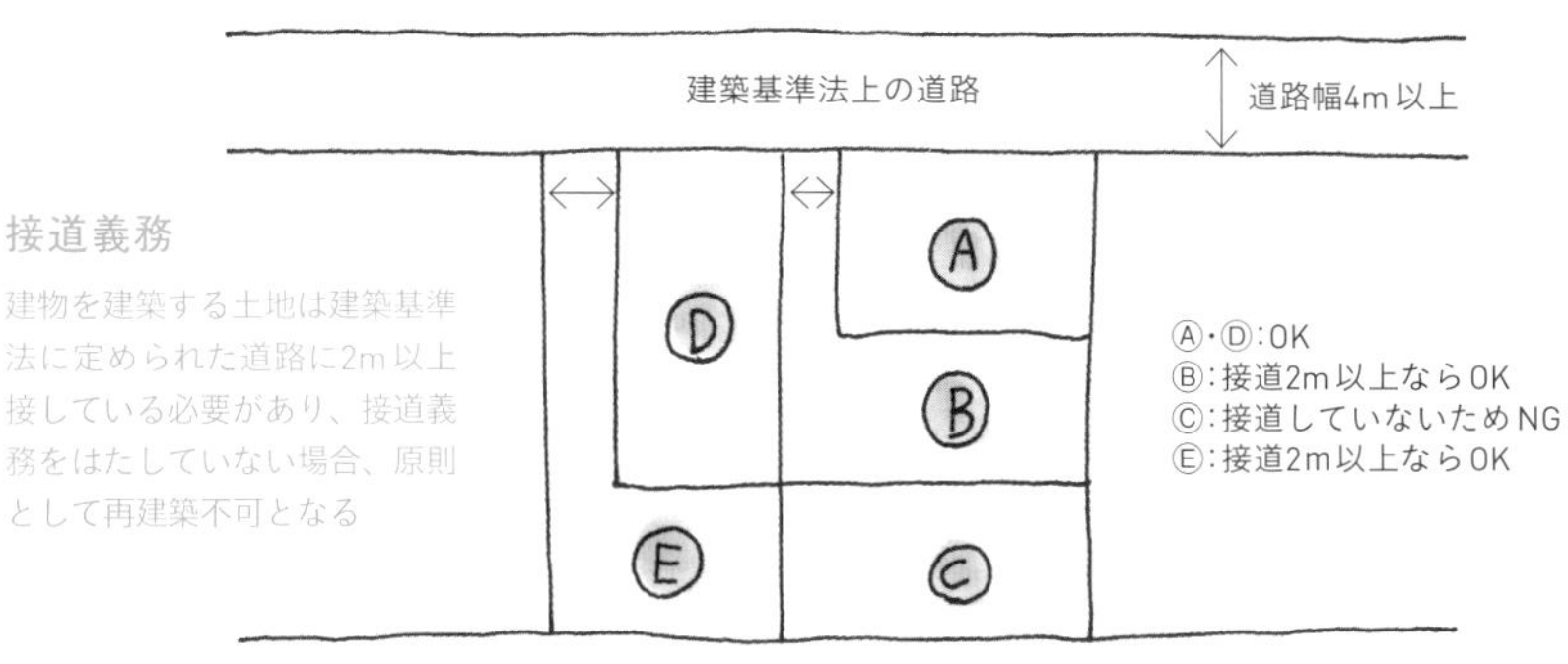

接道義務

建物を建築する土地は建築基準法に定められた道路に2m以上接している必要があり、接道義務をはたしていない場合、原則として再建築不可となる

セットバック

土地が接する道路幅が4mに満たない場合、建替え時に敷地の一部（道路中心線から2m）を道路とすることで道路幅を拡張すること

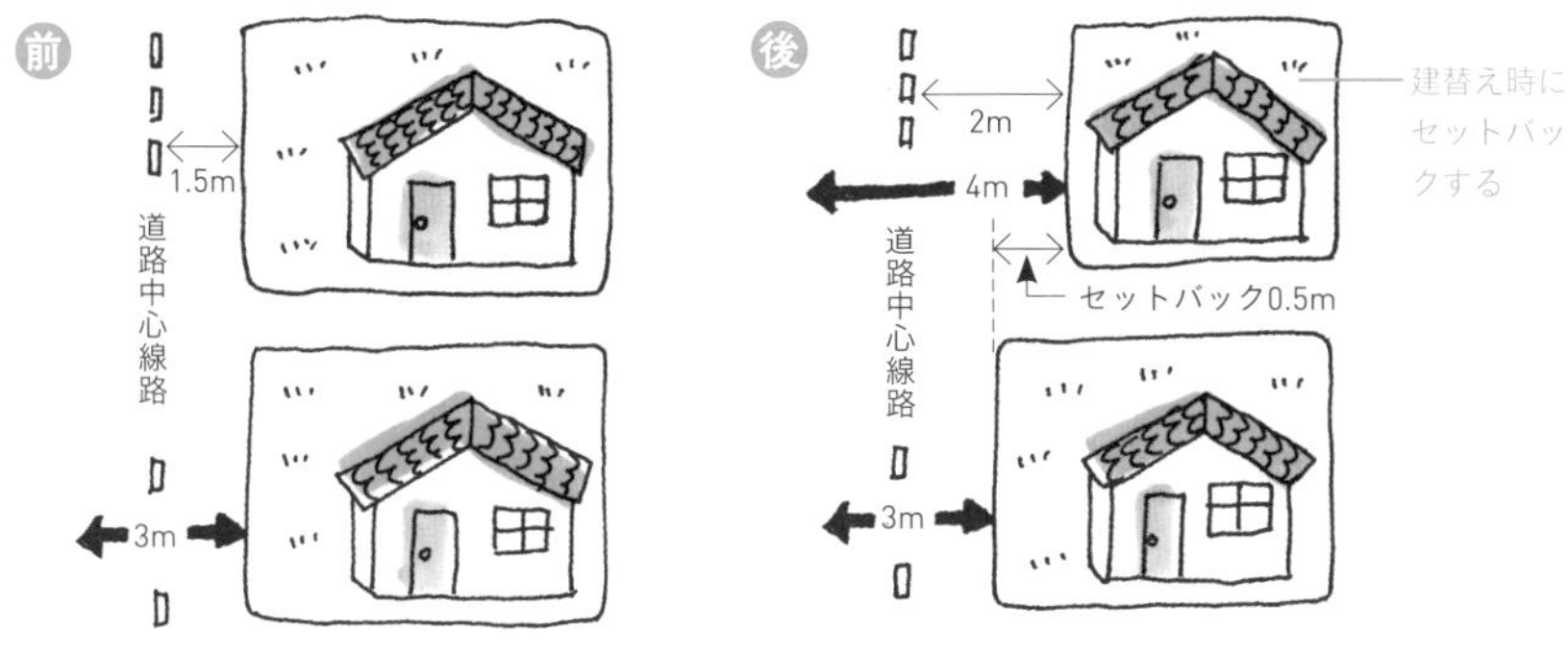

都市計画法

無秩序な土地の開発を抑制し、計画的に市街地を形成するための法律。工業系・商業系・住宅系の計13分類で建物の規模や用途を定める「用途制限」のほか、火災の危険を防ぐために、駅前などの密集地や幹線道路沿いを「防火地域」、その周辺を「準防火地域」、屋根や外壁に燃えにくい材料を使う「22条区域」などを指定

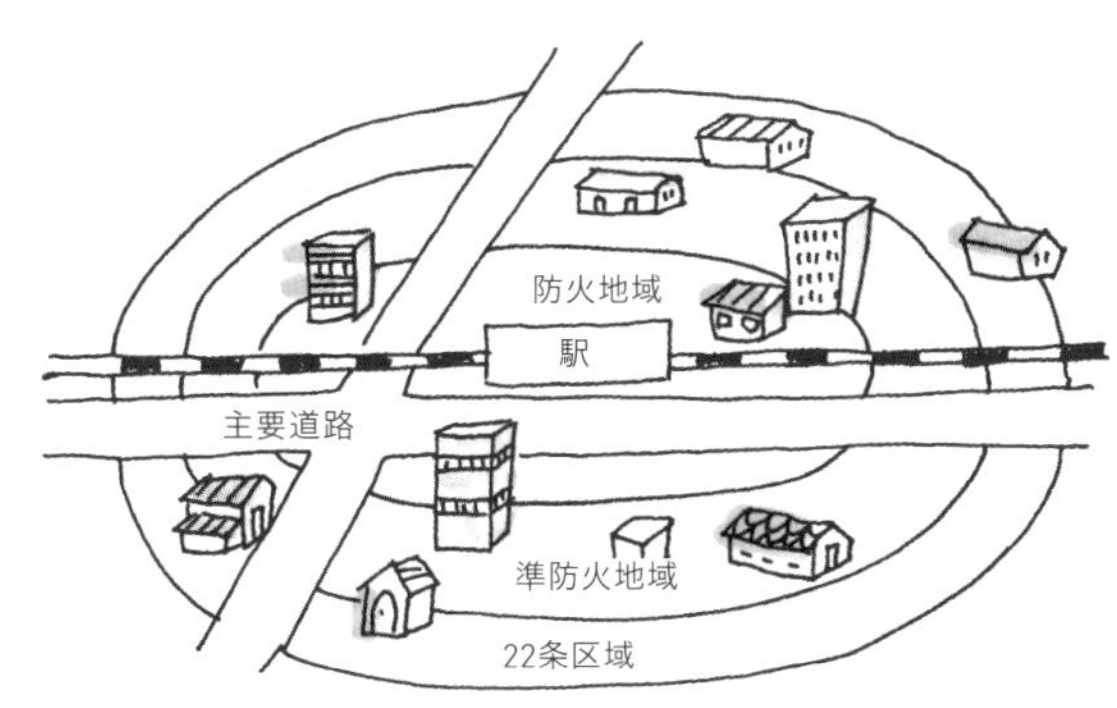

新常識
058

依頼先選びは予算とイメージから

↓工法・構造も様々、まずは大分類と特徴を把握しよう

建築の依頼先は、大きく「ハウスメーカー」（P116）「工務店」（P117）「建築家」（P118）に大分類されます。ハウスメーカーは独自のコンセプトに基づいた商品やブランドを全国規模で展開しており、モデルハウスで完成イメージを把握しやすく、大手ゆえの信頼感があります。工務店は職人さんたちの手配含め工事全般を請け負い、地域密着が基本で小回りが利きます。建築家に設計を頼めば、デザインはもちろん細部にまでこだわりを反映した個性ある仕上がりが期待できます。このほか、ハウスメーカーと工務店の中間的存在のビルダーやフランチャイズ、リフォーム専門会社など、分類は多様化。選択肢は多すぎて困るほどあるので、まずはそれぞれの特徴を大まかに把握してから動きましょう。

住まいの工法・構造からも依頼先は分類されます。日本の住宅で施工実績が多いのは木造軸組工法ですが、他にも左ページのように工法は多岐に渡ります。各社が壁材や構造材などの独自開発で性能面の工夫を重ねているため単純比較はしにくいものの、軟弱地盤、耐火性能、狭小変形敷地、短工期など具体的な課題があれば、その対応力で工法決めを。工法によって壁や柱の必要量や位置が異なり、空間づくりとコストに大きく影響します。イメージする空間が予算内でつくれるかが決め手、提案プランと見積もりで選びましょう。

創りたい空間とコストが合う工法は？

工法は、イメージする空間が予算内で作れるかが決め手。必要な壁や柱の量や位置は、工法によって異なる。希望の大空間や吹き抜けがつくれるか、梁などが気にならないか、敷地に収まるか、予算内に収まるかをチェック

木造軸組（在来工法）

土台の上に柱と梁を組み上げて骨組みを作り、筋交いや耐力壁で強度を高めながら自由な間取りを作ることができる。日本の気候風土にもあった最も一般的な工法なので、依頼先も多く、リフォームもしやすい

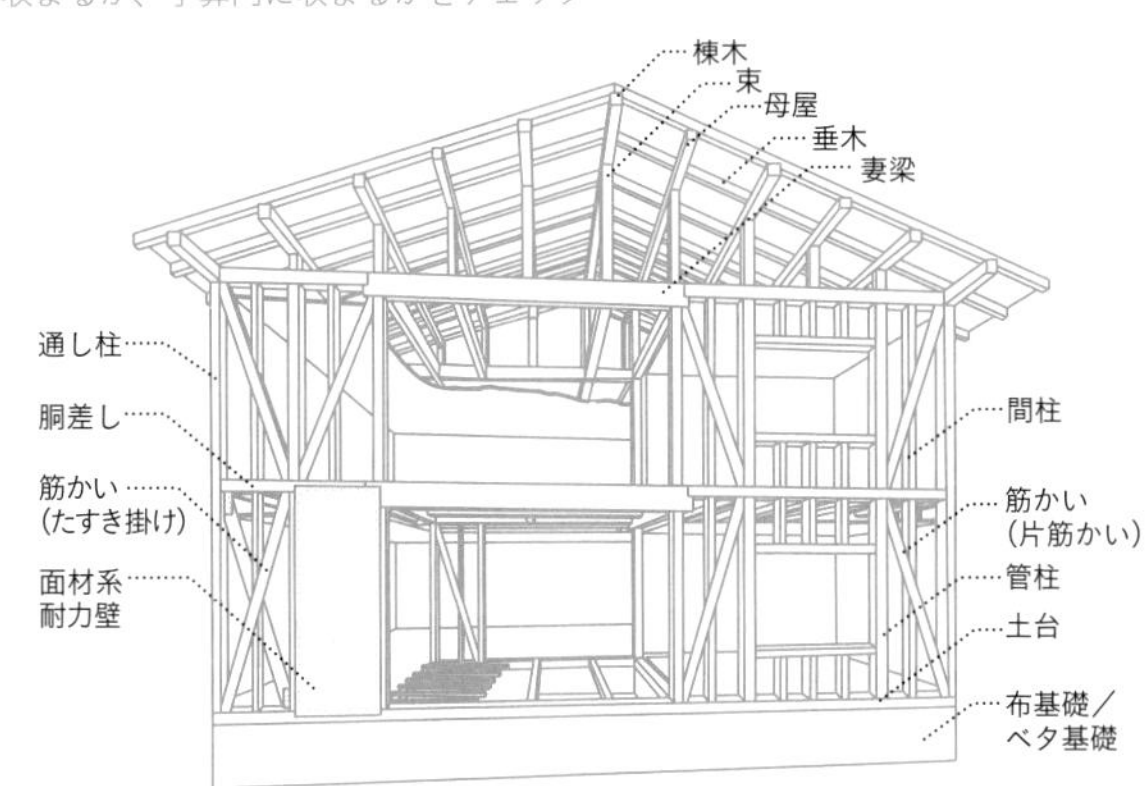

重量鉄骨造

厚く強靭な鉄骨の柱と梁で構成されるため、柱の間隔を広くとることができ、高層住宅や大空間がつくれる

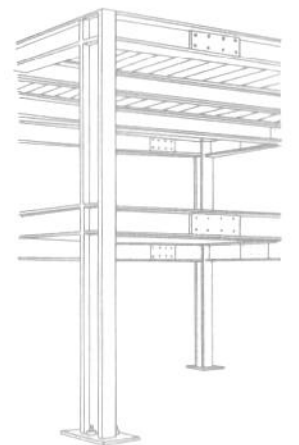

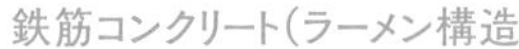

鉄筋コンクリート（ラーメン構造）

頑丈な柱と梁で建物を支えてこれらが室内にも露出する分、大開口や自由な間仕切のプランができるコンクリート住宅

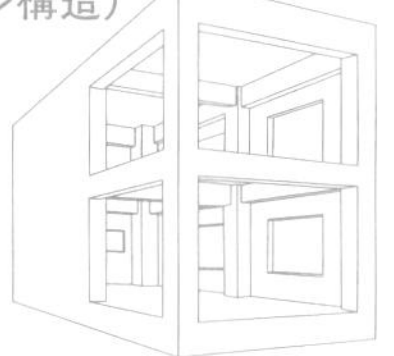

軽量鉄骨造

柱・梁・筋交い（ブレース）が軽量鉄骨で、木造軸組と重量鉄骨の中間的位置づけ。設計自由度も高い

鉄筋コンクリート（壁式構造）

鉄筋コンクリートの壁で建物を支える構造。柱や梁がなくすっきり見える分、壁で強度確保するため間取りの制約はある

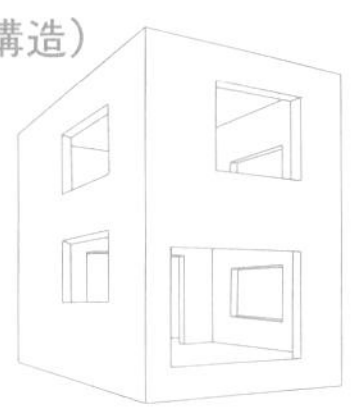

ツーバイフォー（枠組壁工法）

２×４インチの木材でできた枠に構造用合板のパネルでできた木造。床・壁・天井の「面」で支え、耐震性に優れる

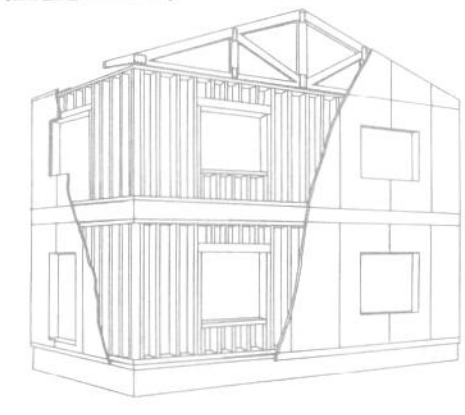

プレハブ工法（ユニット）

工場生産されてほぼ完成に近い箱型のユニットを現場に運んで組み立てる。プランの制約はあるものの、圧倒的に工期が短い

新常識
059

絶対的安心感のハウスメーカー
↓大手ならではの提案力・品質・アフターの総合力

イメージ通りの家が短工期で

ハウスメーカー選びの決め手は「モデルハウスや商品提案が気に入った」「火災や災害に強い」「工期が短い」「長期のアフターメンテナンスで安心」など。実際火事があったご近所では、耐火性能が高いメーカーの家が次々に短工期で建っている

ハウスメーカーの魅力は、大手ならではの安定感。コンセプトに基づいて独自開発された商品、全国規模で展開する施工力、各種実験を経て規格統一された仕様や部材の品質、工期の短さなどが魅力。アフターメンテナンスも、法定保証以上の独自制度を設ける会社が多いのも安心材料です。工法やテイストは、会社や商品によってバリエーションも豊富。最新の提案が盛り込まれた商品は、モデルハウスやパンフレットで完成イメージが把握しやすく、好みに合った高品質の住まいがスムーズな流れで手に入ります。

特にお勧めしたいのが、家づくり初心者やコンサバティブ派、子育てや仕事で忙しく効率を重視する世代です。一方で設計や仕様に自由度を求めると、コストが嵩んだり工期に影響します、こだわり派さんは事前確認を。

新常識
060

地域密着が心強い工務店

↓施工事例が好みに合えばコストパフォーマンス良し

施工事例を見て得意分野を把握

同じプランを建てると仮定すると、設計から施工まで担うぶん、こだわりを活かしながら最もコストを抑えられるのが工務店だ。施工エリアと施工実績の確認は必須、テイストと相性が合えば、地元で長いお付き合いができる

工務店の魅力は、なんといっても地域密着で設計から施工までを任せられる心強さです。会社規模や得意なテイスト・工法は様々。伝統的な日本家屋に限らず、自然素材使用やサーファー仕様の家など得意分野も会社ごとに異なります。立地条件や施工事例の好みが合えば、コストパフォーマンス良く、自由度高い家づくりができます。アフターメンテナンスも、ご近所だけに小回りが利くのも心強いです。

オーダーメイドなので、ハウスメーカーより工期は少し長く、品質は職人さん次第でばらつく可能性あり。小規模な会社は倒産リスクも気になり、テイストの得手不得手もあるので、多くの施工例を見学し、施主に本音を聞き、地元の評判を探りましょう。決まった職人さんや社員大工がいるかなど、社内体制も参考に判断を。

新常識
061

究極の設計・デザイン力なら建築家

↓豪邸ばかりでなく、狭小・変形敷地やローコストも個性的に

仕上がりは「神は細部に宿る」家

「施工例を見てピンときた」「建築家の美意識やコンセプトに共感」「神が宿った細部の仕上がりに感動」「紹介サービスで運命の出会い」など、決め手は色々。建築家にはあらかじめ総予算を伝え、時間に余裕を持って相談しよう

アトリエ設計事務所の建築家は、設計だけでなく工務店選びと施工監理を受託し、設計を形にするまでを請け負います。こだわりを生かした個性的な家はもちろん、難易度高い敷地の課題も設計力で解決可能。専門分野も様々で、一般住宅でも豪邸だけでなく狭小・変形敷地やローコスト住宅なども相談可能な人も多いのです。

イメージに合った建築家を探すには、WEBサイトや雑誌などで施工事例を見て、得意な工法、テイスト、規模、予算などをチェック。ただし設計だけでなく施工会社選びも全て一からになり、3分類中最も完成までの時間がかかります。工事費とは別に、設計・施工監理費として工事費の10～15％程度（※）も必要。手間・時間・コストをかけて、共に創り上げるプロセスごと楽しむからこそ、唯一無二の個性が光る家が出来上がるのです。

※ 建築家の知名度や工事費等によって異なる

新常識
062

攻めのリフォームで劇的変化を

↓その場しのぎに追われると、醍醐味は味わえない

リフォームは計画的に

出勤前の朝シャワー中、給湯器故障で突然お湯が水に。会社を休み、当日対応の会社を探し、商品比較なしに在庫で取り換え。耐用年数（10～15年）をとっくに過ぎ、両隣の給湯器も代替わり、というリフォーム検討サインを見逃さず、動くべきだった

リフォームの醍醐味は、なんといってもビフォー・アフターの劇的変化。長年悩まされた「暗い・狭い・寒い」が「明るく広々・温かい」に一変する瞬間は、まさに感動モノです。壊れてから応急処置的な修繕を繰り返す「追われるリフォーム」では、この醍醐味は味わえません。緊急対応なので施工会社、プラン、商品などの吟味もできず、故障が直ってゼロに戻るだけ。

計画的な「攻めのリフォーム」なら、マイナスからプラスへの変化の振れ幅大です。設備の耐用年数を考慮しながら水回りをまとめて工事、キッチンを中心にＬＤＫの使い勝手改善などプラスαも重要です。トイレや洗面台の入れ替えなど、一日で工事できるお手軽リフォームもあります。壊れてから慌てるのではなく、壊れる前に計画的かつ能動的に取り組むのがポイントです。

新常識
063

依頼先決定は「相見積(あいみつ)もり」で

↓ 同条件で同時に依頼、プランと金額を具体的に比較

よく「いい設計・施工会社を紹介して」といわれますが、モノづくりにおいて万人にとってのベストは存在しません。得意分野・施工エリア・テイスト・コストなど諸条件が異なり、相性やタイミングも重要。私のベストが、他人と一致するとも限りません。

自分に合った依頼先を選ぶためには、「相見積もり」は必須です。相見積もりとは、依頼先候補の会社を複数ピックアップして、「予算」「希望」「優先順位」などの条件を揃えて同時に依頼し、プラン提案と見積もりを比較する手法のこと。依頼先はできれば厳選して3社程度、最大5社。各社とのやり取りに時間と手間をとられるので、多ければいいというものでもありません。後から比べ易いよう必ず同条件で依頼し、提案期日も決めておくと、結論まで提案が早い会社をお待たせする心配もありません。

依頼先から提案プラン（間取り図）と見積書が出揃ったら、具体的な比較検討です。工事内容や範囲は会社によっても異なるため、単純に見積り金額だけを比べて安い会社を選ぶのは失敗のもと。提案プランで一番ワクワクする間取りはどれか、要望は盛り込まれているか、見積もり金額の差は何か、見比べて不明点は率直に質問を。コミュニケーションがスムーズで明解なことも、重要なパートナー選びの条件です。

上手な相見積もりの依頼方法

見積り依頼時に用意しておきたいもの

- 間取り図（売買契約時のチラシなど）
- 敷地測量図（敷地と建物配置がわかるもの）
- 現況がわかる写真など
- 現地周辺図（隣地含めた周辺環境がわかるもの）や周辺の写真
- ライフスタイルや具体的要望を箇条書きした要望書

依頼の際に明確にするべき条件

- 予算
- 同居予定の家族構成
- 実現したいライフスタイル
- 好みのデザインイメージや使用したい素材など
- 複数社の相見積もりであること
- プラン及び見積もりの提出期限
- スケジュール（入居期限など）

提案内容は比べ易いよう、必ず同条件で同時に依頼しよう。口頭では説明がばらつくため、私は箇条書きの共通資料を配布した。依頼時に複数社の相見積もりであることをあらかじめ伝えておかないと、後で断りにくくなるので注意

新常識
064

イメージを形にする伝え方のコツ

↓「言葉」と「ビジュアル」併用なら曖昧さがなくブレない

頭の中のイメージを具体的な形にしてもらうためには、伝え方が重要です。例えば「明るく広いリビング」といっても、イメージは様々です。依頼先と同じイメージを共有するためには、「広さ20畳以上」「天井高３ｍ」などの数字や、「吹き抜け」「大きな窓」「角部屋」などの事例を交えた具体的表現を心がけましょう。あらかじめイメージを言語化しておくのがポイントで、「理想の暮らしのキャッチフレーズ」（Ｐ57）が役立ちます。

好みの空間テイスト、インテリアの色のトーン、素材などは、言葉だけでなくビジュアルを併用して提示すればブレません。ひと昔前の打ち合わせには分厚い切抜きファイルや写真持参が定番でしたが、いまはツールも進化。気に入った雑誌や施工例の写真をスマーフォンで撮影、ＷＥＢ上で写真や画像を自分専用に集め、シェア機能で共有もできる「ピンタレスト」などが便利。イメージを具体的に伝え合うための、打ち合わせの新定番です。

出来上がった家をそのまま購入するのではなく、形のないものを作り上げていく共同作業には、コミュニケーション力とセンスが重要。家づくりは長期戦、かつ完成後もアフターメンテナンスなどでお付き合いは続きます。依頼先選びには、価格、提案プラン、会社や商品の信頼性だけでなく、担当者との相性もひとつの重要な判断材料なのです。

担当者も依頼先選びの重要ポイント

初めての家づくりなら、専門知識がないのはあたりまえ。うまく話を引き出してもらえる以心伝心の担当者なら、先回りの提案も期待できる。図面では同じように見えても、出来上がるまでの調整や決めるべきことも多く、その積み重ねが使い勝手や住み心地の差になる。ゼロから始めるモノづくりは、担当者とのコミュニケーションも実は重要ポイントだ

新常識
065

料理が苦手な人こそキッチン重視

↓家事は間取りと設備選びでストレスフリーになる

稀に料理も片付けも得意なスーパーマンがいますが、家事の得手・不得手は料理派・片付け派のどちらかに分かれるというのが持論。食いしん坊で家宴会が趣味の私は断然料理派で、片付けは苦痛です。逆に片付け派は整理整頓が得意でも、料理が苦手、そもそも食に関心が薄い、キッチンが汚れるのが嫌、という人も。どちらのパターンも、自分の個性を認識したうえで住まいを自分仕様にすれば、毎日の暮らしがグンと楽になります。

片付け上手の料理苦手派には、実はオープンキッチンがピッタリです。北側の狭く暗い小さなキッチンとは真逆の、ＬＤＫの中心にアイランド型やL字カウンターなどのキッチンを配置するプランなら、家族やゲストも自然に手伝えてコミュニケーションもとりやすく、孤独感がありません。扉材や天板の色にこだわって、美しく保たれたキッチンをインテリアの中心に。オープンな空間にすることで、日常は家族に、ハレの日はゲストやシェフに任せやすく、自然に協力者が増えて料理のストレスが減ります。

更にそのままテーブルに出せる鍋、並べて焼くだけで見栄えするオーブン料理、材料を入れスイッチオンで料理が出来上がる電気調理器など、おしゃれな最新調理器具や設備もフル活用。苦手なものこそお金をかけ、人の手も借りて、快適さを手に入れましょう。

料理が苦手なら手伝ってもらおう

料理が苦手、という人のキッチンは総じてキレイ。片付け上手だから？あまり料理をしないから？調理道具や調味料や食材が少ないから？理由は様々ですが、魅せるオープンキッチン向きです。逆に料理好きには独立型や半独立が、集中できて使いやすいという声も

新常識 066

片付けが苦手なら徹底的に「隠す」

↓ライフスタイルに合った適材適所の収納が安心材料に

片付けが苦手な料理好きの人なら、キッチンに関してはオープン・クローズドどちらもアリ。オープンなら料理を中心に楽しめるものの片付けを頑張る必要があり、クローズドなら料理に集中できる一方で孤立しやすく、どちらも良し悪しがあります。私も両タイプを体験していて、いまは収納たっぷりのセミオープンキッチンです。

片付けが苦手ながら来客が多い我が家には、ふたつの仕掛けがあります。ひとつは急な来客でも「とりあえずどうぞ」、といえるお気軽接客空間の確保です。多目的に使える縁側、広い玄関、縁側からも直に出入りできる和室がその空間です。

ふたつ目は、ライフスタイルに合った、ゆとりある収納計画です。収納計画の大原則は「使うものはその場にしまう適材適所」なので、全部屋に空間が狭くなっても収納を設けました。さらに仕事と生活の場ゆえ机が資料の山になることも多いため、モノの緊急避難場所も用意。収納方法は、とりあえず突っ込んで扉を閉めれば中が見えない「隠す収納」メインです。ガラス扉や棚にそのまま置く「見せる収納」は、モノ・量・並べ方にも配慮は必要で、突っ込んで隠す荒技は通用しません。全部屋に適材適所の収納、かつ「隠す収納」に徹することで、片付け下手でもスッキリ見え、ストレスフリーに暮らせます。

見せる収納はモノ・量・並べ方に注意

「見せる収納」は、別名「魅せる」収納。フルの収納量を10とすると、隠す収納なら出し入れもしやすい7割、見せる収納なら２～3割が適量と言われる。見せるモノと量を厳選し、並べ方にも気を使い、扉がない場合はホコリなどもたまりやすいためこまめな掃除も必須だ

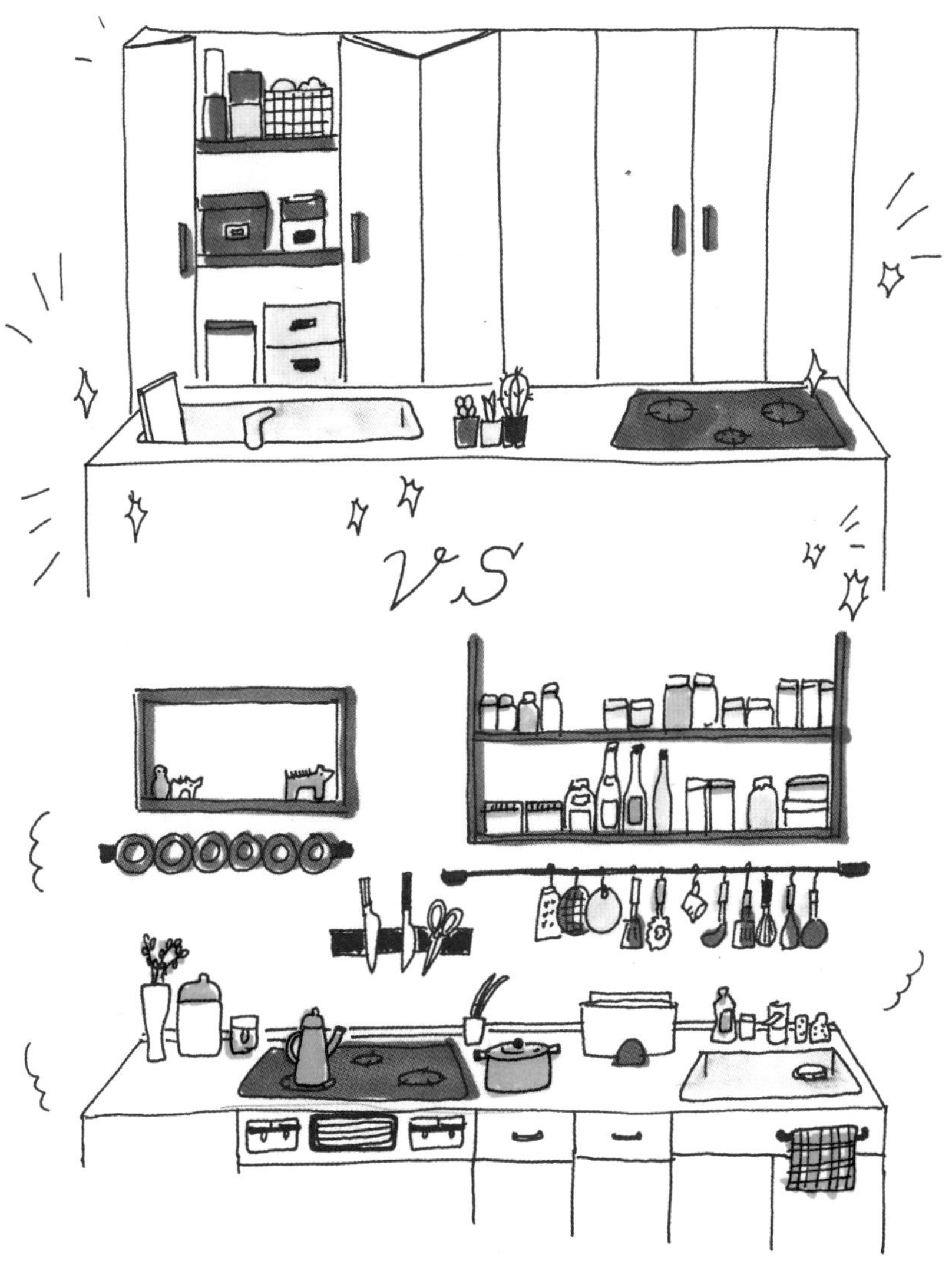

新常識
067

コストダウンの大原則は「シンプル」

↓ 影響の大きい部分からチェック、追加変更は要注意

夢を盛り込んだプランが予算オーバーという時、満足度を保ちつつコストダウンするためのキーワードは「シンプル」です。同じ仕様の家なら大きいより小さい方が、同じ床面積なら正方形に近い凸凹がない形状で表面積が少ない方が安くなります。床材や天井材、室内外の壁は面積が大きい分、コスト影響力も大。シンプルな形状で面積を抑え、グレードを松竹梅でワンランク下げれば、グロス額大幅ダウンの可能性も。プランやランクの違いが見積もりや見た目にどう影響するか、満足度と天秤にかけてみましょう。

優先順位の高い夢を実現するコツは、基本はシンプルにして上手にメリハリをつけることです。素材は多種使うより統一すれば無駄が少なく、水回りは位置をまとめれば工事もシンプルに。間仕切りや壁、ドアの数もコストに直結するので、部屋を細分化するより大空間のほうが安くなります。素材も流通の多いシンプルな既製品なら、安く入手しやすい。将来の子供部屋や収納など人目に付きにくい場所も、究極シンプルに。外構、庭、デッキなど家本体と切り離せるものも、後回しまたはＤＩＹでコストダウンの候補です。

なお、発注後の追加変更には、要注意。物理的に可能でも、工期遅延や予算オーバーの最大要因になります。決定するべきものは必ず期日を確認、後戻りはＮＧです。

家の形状と表面積がコスト影響大

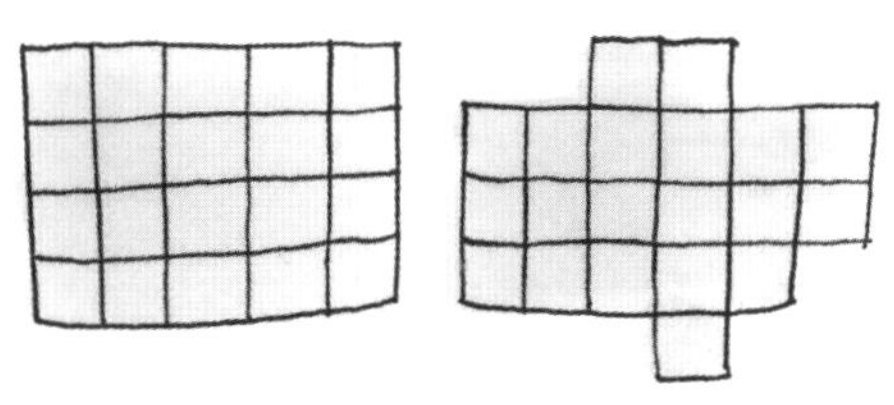

同じ床面積でも、表面積が違う

2つのイラストは実は同じ床面積（20マス）。床面積は同じでも、右は形状が複雑になることによって壁面積が増え、工事難易度もアップ。外壁、内壁、天井材、屋根材など全ての材料費や人件費に影響する。コスト面ではシンプルな形状で仕切りも少ない大空間がベスト

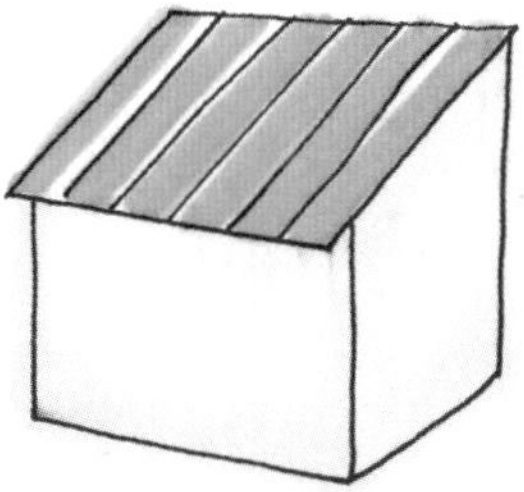

simple

屋根形状もシンプルなら安い

同じ面積の家でも、屋根形状によってもコストは変わる。複雑な形状の屋根は部材の種類が増え、かつ雨漏りしないための工事手間もかかる。よって、一般に「陸屋根（屋根なし）」「片流れ」「切妻」「方形」「寄棟」の順にコストが上がっていく

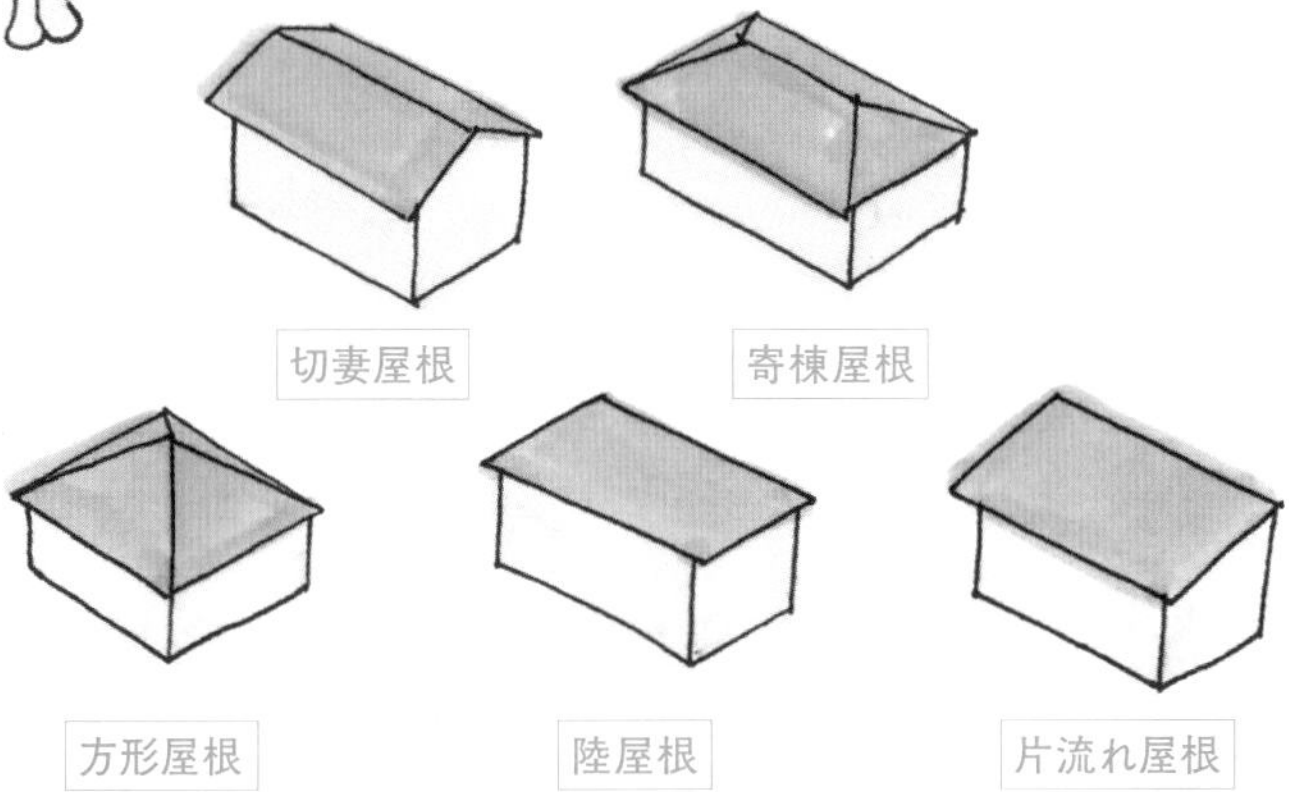

切妻屋根　寄棟屋根

方形屋根　陸屋根　片流れ屋根

新常識
068

目に見えない快適さは断熱で実現

↓予算オーバーでもケチってはいけないポイントを抑える

予算をオーバーしても、絶対にケチってはいけないのが、家の構造・躯体・性能に関わる基礎や断熱の仕様です。これらは完成すると見えなくなるため、つい目に付くものを優先したくなりますが、確実に住み心地や耐久性に影響します。後から変更しようとしても、壁や床をはがしての大掛かりな工事になり、かえってコストもかかります。

「家のつくりようは夏を旨とすべし」はよく知られた「徒然草」の一節、冬はいかようにも過ごせるので暑さ対策を基本にということ。しかし冷暖房使用が当たり前になった現代では、隙間風だらけの家は風情あっても大変なエネルギーロス。目に見えない快適さのためにも、地球環境のためにも、いま注目するべきなのは断熱性能です。

断熱性能を高めるためには、家全体の対策が必要です。床壁天井に断熱性能の高い素材や断熱材、開口部である窓やドアに断熱性能のよいサッシやガラスを。広範囲になるためイニシャルコストはかかりますが、住み心地と後々のランニングコストに歴然とした差が出ます。電気・ガスなどエネルギー費も高騰しているので、補助金や優遇制度などもうまく利用して、断熱で「夏涼しく、冬温かい」を実現しましょう。私の古民家も、床壁天井を内側からグルリと断熱、窓も複層ガラスにして一年中快適に過ごせています。

熱は主に窓から出入りしている！

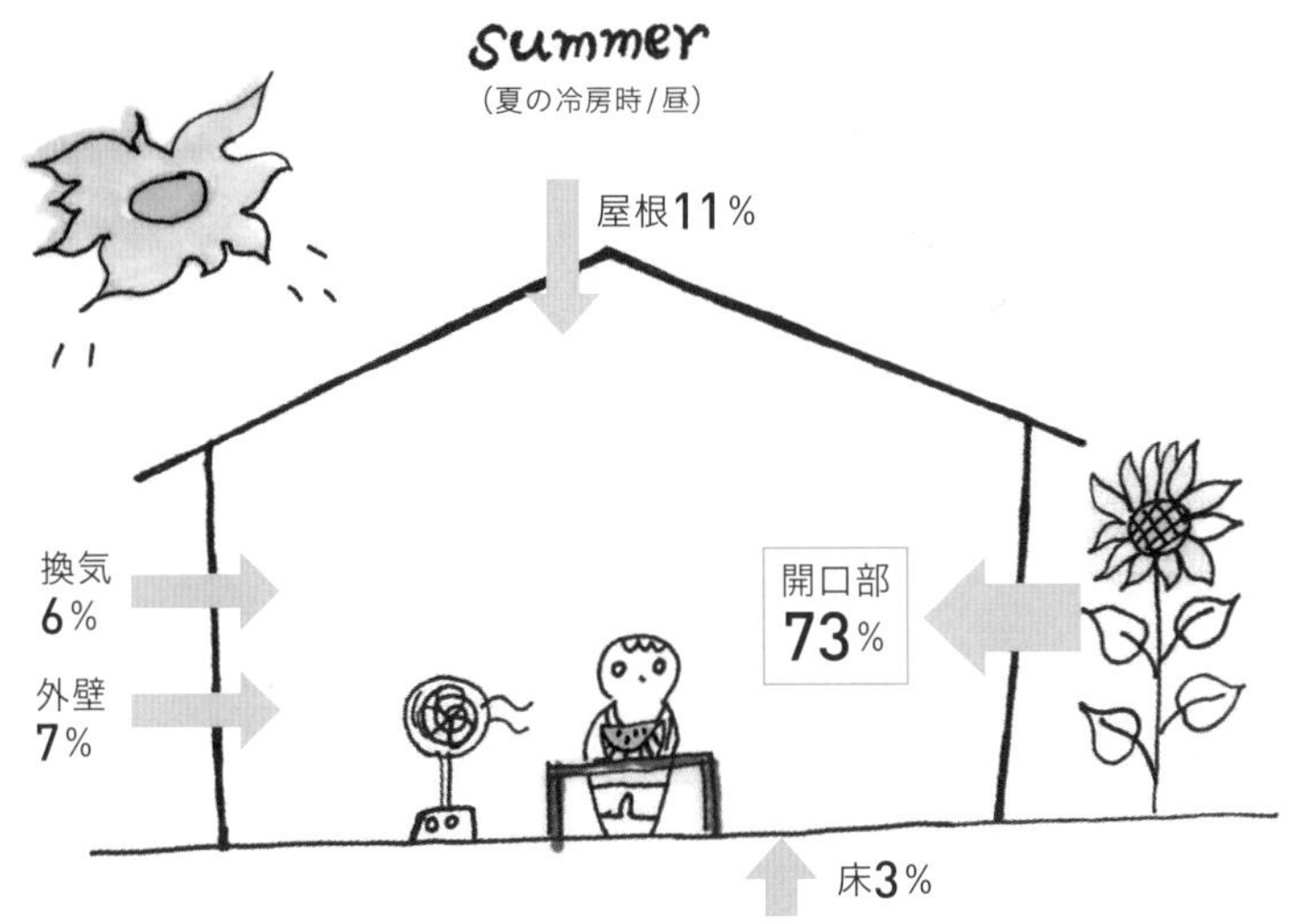

特に一戸建ては、冬は約6割、夏は約7割の熱が窓から出入りしているといわれる。快適に過ごすため、地球環境のため、開口部には樹脂サッシや高性能ガラスなどの対策が有効だ。リフォーム前後で大きな違いを実感でき、電気ガス代節約にもなる（出典：一般社団法人日本建材・住宅設備産業協会）

新常識
069

間取りは表と裏の動線をチェック

↓盲点になりがちな家事動線、コンセント位置や来客目線に注意

「マドリスト」と言われる間取り好きに限らず、自分の家となれば間取り図を見るのは楽しいもの。プランの提案段階なら、ベストな住み心地になるよう入念なチェックを。

朝起きてから夜寝るまでの行動シミュレーション、料理や洗濯などの家事動線、収納は足りているか、デッドスペースはないか……。主だった家具を仮配置して自分の定位置を決めて、十分な通行スペースや広さがあるか、空間のつながりや開放感など想像力をフル活用しましょう。家事動線は、キッチンでの料理だけでなく買い物からゴミ出しまで、洗濯も洗ってから干して畳むまで、無駄な行き来がないか。トイレのドアを開けて人にぶつからないか、お風呂を出てからの着替えなど、人に見られたくない裏動線も確認しましょう。

平面図だけでなく、立面図では吹き抜けの高さや窓の位置などをチェック。コンセントや照明の位置などが提案される、電気配線図も重要です。ここで家具配置までイメージして確認しておかないと、読書時に手元が暗い、コンセントやスイッチが家具に隠れて使えない、という失敗も。よく建築家が新居の模型をつくって提案するのも、平面だけでなく三次元で空間を把握するためです。家のプランを自由に考えられる初期段階のうちに、予測可能な将来変化も盛り込んで、家族全員が使いやすいベストなプランにしたいですね。

図面に表れないものもシミュレーション

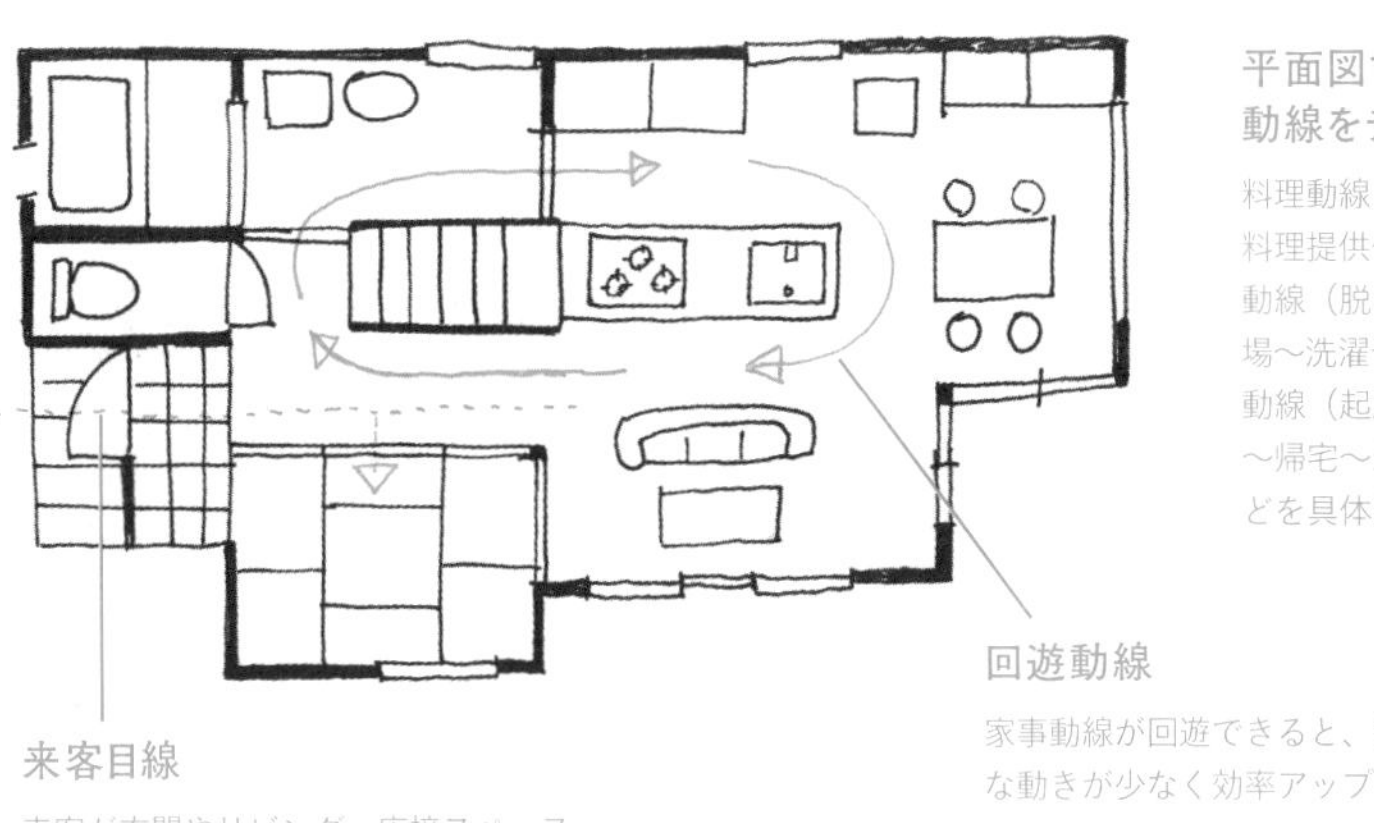

平面図で視線や動線をチェック

料理動線（買い物～調理～料理提供～後片付け）、洗濯動線（脱ぐ～汚れもの置き場～洗濯干す～収納）、生活動線（起床～歯磨き～出勤～帰宅～着替え～就寝）などを具体的に想像しよう

回遊動線

家事動線が回遊できると、無駄な動きが少なく効率アップ

来客目線

来客が玄関やリビング・応接スペースに居る際、生活空間がどう見えるか

立面図で音・風・光を想像

立面図では、3次元で空間をシミュレーション。静かさ重視の書斎とテレビや楽器を使う空間の位置関係、光と風の通り道など、音・風・光・視線など目に見えないものに注意。吹き抜けは開放感がある半面、音も響き冷暖房効率も悪くなる

新常識
070

一戸建ては外構や庭とセットで

↓建物と別途工事でも、同時進行で完成形を考える

一戸建ては、建物本体の完成だけでは実は完結しません。門扉やエントランスなどの外構、庭の植栽、アプローチ、照明など、全てが一体になって初めて完成形となるものです。ところが多くの場合、建物本体と庭や外構の工事は別なので、気付けば予算がたりなくなり、後手に回りがちです。外構も含めて全体計画をしっかり立てた家は、見た目にも差は歴然。エリアによっては、環境保全のため自治体の条例などで緑化率の規定や塀の緑化補助金制度があるほどで、外構計画は住まい手だけでなく街並みにも影響します。

私は補助金の対象エリア外かつ予算不足だったため、家本体の工事を優先、もともとあった外構と庭を活かし、門扉などはペンキ塗装程度にしてコストダウン。しかし招いた友人からは「家で予算が尽きて庭にお金が回らなかったの?」と図星の指摘が(笑)。予算さえ許せば、工事も外構や庭も含めて一度に完成するのが効率的。特に新築なら、リビングと庭や外構の関係はプランニング上も重要です。植栽がイメージ通りに育つにも3年、5年と時間がかかります。完成記念にシンボルツリーを植えて、成長を楽しむのも素敵です。

予算が厳しい場合、外構や庭を含む全体計画だけは早めにつくり、プロにお願いするものとＤＩＹに分けるのもいいでしょう。家は、外構や庭とセットで完成形なのです。

外構で良好な環境を保つ

接道部緑化の一例

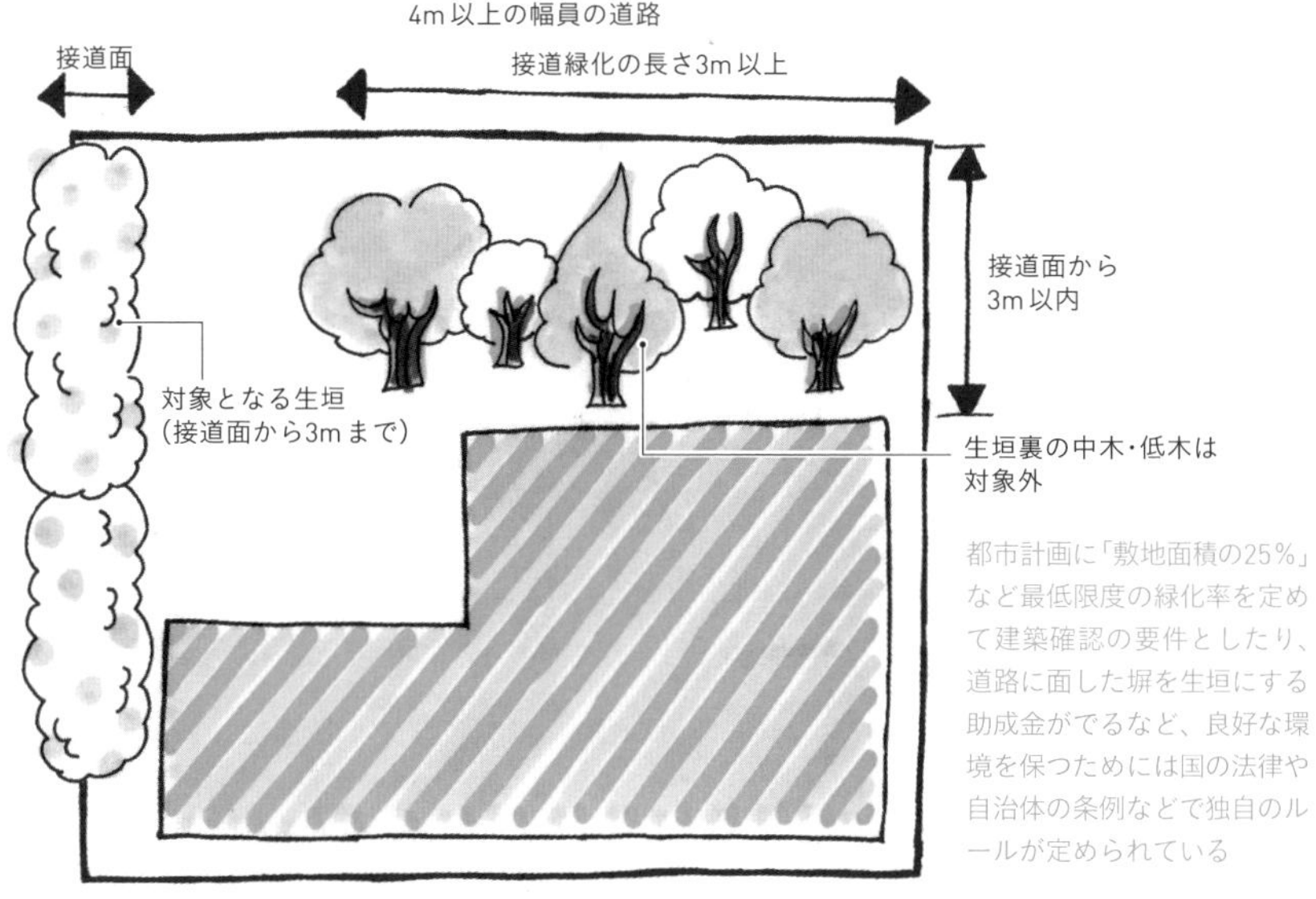

都市計画に「敷地面積の25%」など最低限度の緑化率を定めて建築確認の要件としたり、道路に面した塀を生垣にする助成金がでるなど、良好な環境を保つためには国の法律や自治体の条例などで独自のルールが定められている

※鎌倉市「まち並みのみどりの奨励事業」を基に作図。新たに接道部を緑化する人に補助金を交付している
※住宅・店舗・事業所等の敷地及び駐車場の接道部（道路に接している部分）に新たに植栽する樹木又は生け垣であること
※設置後、少なくとも5年間は接道緑化として活用すること
※4m以上の幅員の道路に接していない敷地は、一定のセットバックにより対象となる

外構の要素

敷地内の建物の外にある構造物全体を指し、本体工事とは別途工事となることが多い。門、車庫・駐車場・カーポート、アプローチ、塀、柵、垣根、庭木や植栽、ウッドデッキ、物置など、要素は幅広い

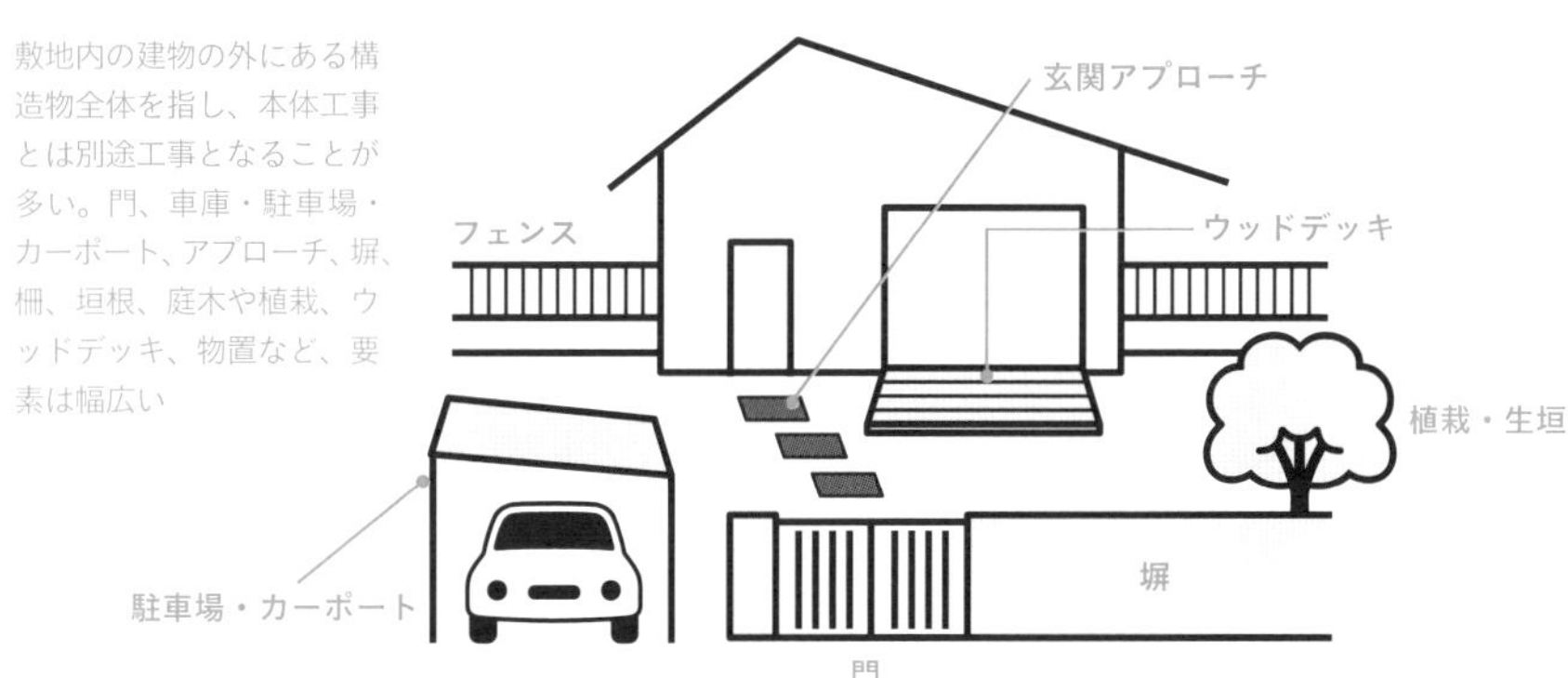

新常識
071

古民家こそ究極のSDGs素材

移築・再生、建材としてリフォームやインテリアにも人気

古民家とは文字通り「古い民家」で、定義は「昭和25年の建築基準法制定時に建築済みだった伝統工法」、「建築後50年経過」など諸説あります。よって建物も多様で、重視ポイントによって探し方も異なります。日本民家再生協会（ＪＭＲＡ）や自治体の古民家バンクなどで物件情報を入手し、建物と立地の両方が気に入れば移住。立地にもこだわるなら、選んだ古民家を一度解体して運び、移築再生も可能です。たとえ建物を無償で譲り受けても、移築再生には解体費・輸送費・保管費・設計監理費などがかかり、一般的な新築より割高になりますが、好きな場所に歴史ある建物を引き継ぐのは究極の贅沢です。

立地優先で既存の建物を探すなら、古民家に限らず中古一戸建てや土地（古家あり）をチェック。築年数だけでなく写真等でテイストを確認し、古いだけに建物が気に入っても素人判断でなく専門家に構造や耐震性能の相談をした方がいいでしょう。

古民家から出た梁や建材、建具を使って古民家テイストを取り入れるのも人気。インテリアなら、新築でもマンションのリノベーションでも採用できます。柱や梁に古材を使ったり、木製建具や畳コーナーで和モダンやレトロにしたり。築百年の家の古材は更に百年持つと言われており、古民家は建材にインテリアに活躍する究極のＳＤＧｓ素材なのです。

古民家からでた古材や建材を生かす

古民家とは?

木造軸組工法で建てられ、茅葺屋根、草葺き屋根、日本瓦葺き屋根などに太い柱と梁が古民家の特徴。大正13年築 の木造軸組み工法の我が家も、柱や梁は細いか古いから古民家の範疇。ちなみにどんな古民家でも移築すると新築の扱いになる

古材や建材がお宝に

古民家からでた柱や梁などの古材、欄間や引き戸などの建具はアンティーク建材として自宅だけでなく店舗のリノベーションに使われるケースも増えている。葉山の桜花園、諏訪のリビルディングセンタージャパン（通称リビセン）などは古いもの好きの聖地、貴重な素材として流通する仕組みも整ってきた

新常識 072

仮住まいは出費とストレスの元凶

↓住みながら工事できれば引っ越し2回も回避できる

住んでいる家の建替えや全面リフォームでは、仮住まいが付きものです。私も自宅マンション工事で約3ケ月の仮住まいを経験、短期で2度の引っ越しが想像以上の負担でした。そもそも工事期間に合わせた短期で、近所にお手頃家賃で快適な仮住まいが見つかる可能性は、ほぼゼロ。短期間だからと慣れない物件で我慢するストレス、家賃、そして往復2回の引っ越し代も必要です。仮住まいに入らないもののトランクルーム保管料、不用品の処分費用、工事が遅れた場合は仮住まいの期間延長交渉など、ハラハラの連続です。

工事範囲によるものの、仮住まいなしで住みながらのリフォームができれば、コストもストレスも軽減されます。工事効率や安全性の観点からリフォーム会社には嫌がられますが、一戸建てなど広めの家や部分的なリフォームであれば、2期に分けて工事するなどで仮住まいを避けることも可能。朝から工事関係者の出入りがある、音が気になる、水回りが使えず銭湯や外食利用などがあっても、2度の引っ越しと不慣れな暮らしを強いられるよりストレスが少ないのは明らか。仮住まい分で浮いた金額をリフォームにまわせば、設備のグレードアップなど納得感あるお金の使い方ができます。仮住まいは仕方ないと諦めず、まずは相談や工夫をしてみるといいでしょう。

建替えは引っ越しも荷造りも2回

仮住まいがあると荷造りや2度の引っ越しが大きな負担。大物家具だけでも現地に残すことができれば、引っ越しも仮住まいも手軽。ちなみに私は全面リフォームでもベッド・ソファ・冷蔵庫・洗濯機を現地に残して仮住まいへ。もちろん工事中の残置物の移動は工事担当者にお任せするので、破損トラブルなどは全て自己責任だ

昔ながらの「暗い」「寒い」「危ない」実家の大逆点

→ 昭和レトロで明るいバリアフリー空間に

before　各部屋が細かく区切られ、狭くて暗く、段差だらけ

母の一人暮らしを安全・快適に

初めてリフォーム当事者となったのは約15年前、実家の古い一戸建てでした。昔ながらの細分化された間取り、通路のようなキッチン、周囲が建て込んだため暗くなったリビング。冬は隙間風で寒くコートが脱げず、母が骨折した危険な段差も室内あちこちに。

家族４人で暮らすための家も、子供たちは独立。父が他界して一人暮らしになった母には、広すぎる家でした。

長年住んでいる間には、キッチンの入れ替え、和式トイレを洋式に変更、雨漏り修理など、必要に迫られた「追われるリフォーム」は繰り返していました。しかし、広い家にも関わらず、気持ちよく過ごす居場所が家中どこにもありません。介護していた父が他界して引きこもっている母を見て、仕事の

Data
木造軸組工法の一戸建て
２階建ての１階部分
築約50年（リフォーム時）
設計・施工／リフォーム工房

after　対面式キッチン中心に回遊できる大空間に

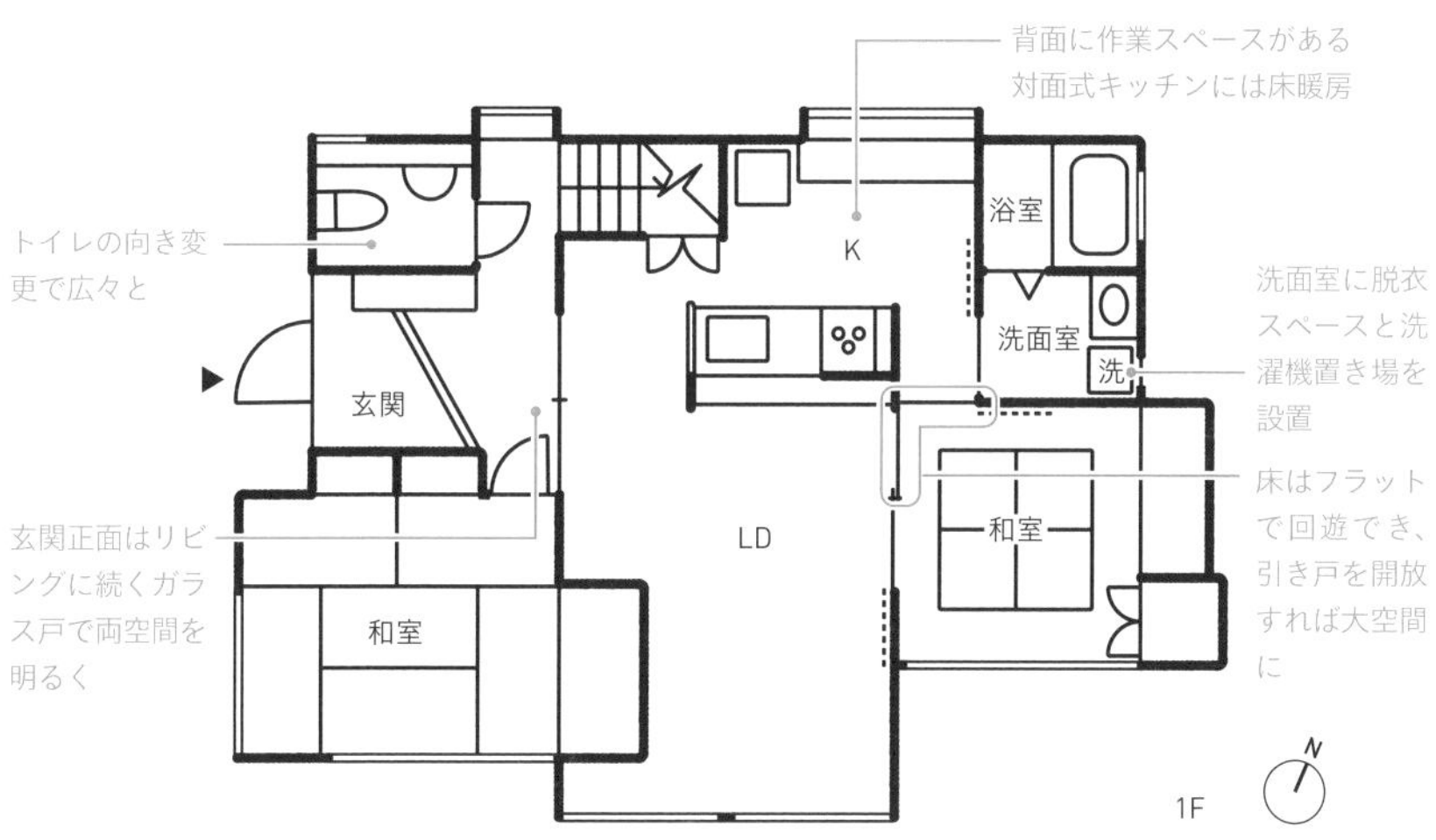

知識を活かし、私主導で計画的な「攻めのリフォーム」を提案しました。

目的は、老いた母が安全で快適な一人暮らしができること。予算は、父が残してくれた範囲内。工事を1階LDKと水回りに絞り、リフォーム会社さんの多大なるご協力のもと、2階に住みながら、仮住まいなし、片付け同時進行の工事となりました。

完成したLDKは、元の家の素材を生かした昭和レトロな素敵空間。明るく広々、生活空間はフラットで安心安全。お気に入りはテレビを見ながら料理もできるオープンなキッチンと、初体験の床暖房。「もったいない」と渋ったものの、勧めて大正解でした。

長年悩みを抱えながら暮らした実家だけに、このマイナスからの大逆転は感動モノ。我慢しながら暮らす方がもったいない、と学んだのです。

ライフスタイル不適合の汚部屋を120％満足プランに

→ 専有面積フル活用で収納充実の1LDK

初期の基本プラン　変形2LDKを広々LDKと寝室として使用

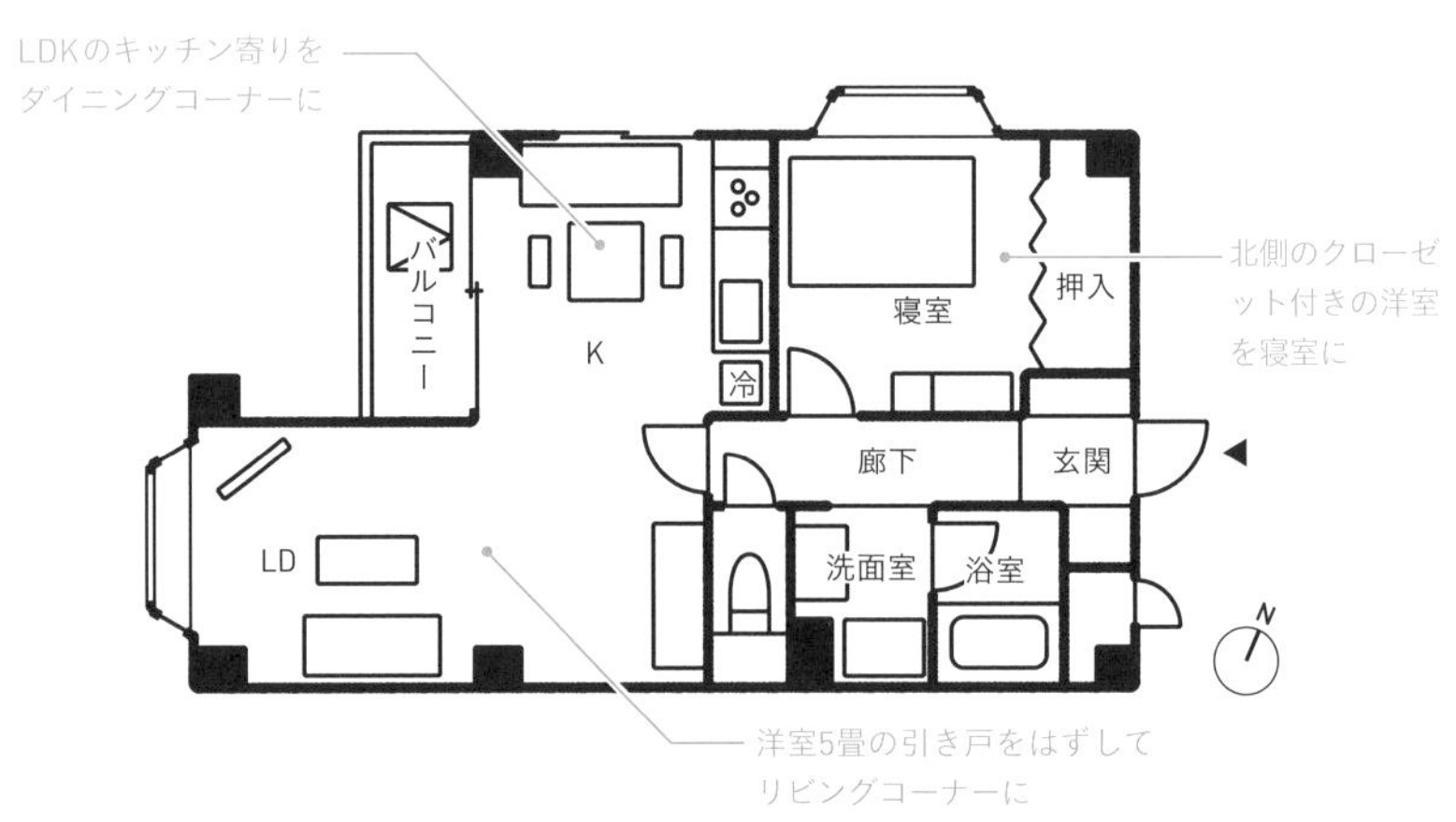

20代で購入、使い方に試行錯誤

二度目のリノベは実家リフォームから約2年後、20代で購入して20年以上住んだ自宅マンションです。バブルの面影が残る2LDK角部屋で、購入の決め手はシステムキッチン。当時の実家にも賃貸物件にもない、人造大理石のカウンターや無垢の木製扉の重厚感のあるキッチンが魅力でした。

当初は変形2LDKを1LDKとして使用。キッチンも使いやすく、友人を招く広いリビングも確保。しかし、いま思えば家には寝るためだけに帰る、仕事中心の暮らしでした。

そこへ風水取材のご縁で、今度は私の部屋をモデルにお部屋診断するテレビ番組に出演することに。テーマは「結婚できる部屋」。モノトーンのインテリアをナチュラルに、などのインテリア

風水後のレイアウト　寝室の移動でひと部屋が丸々デッドスペースに

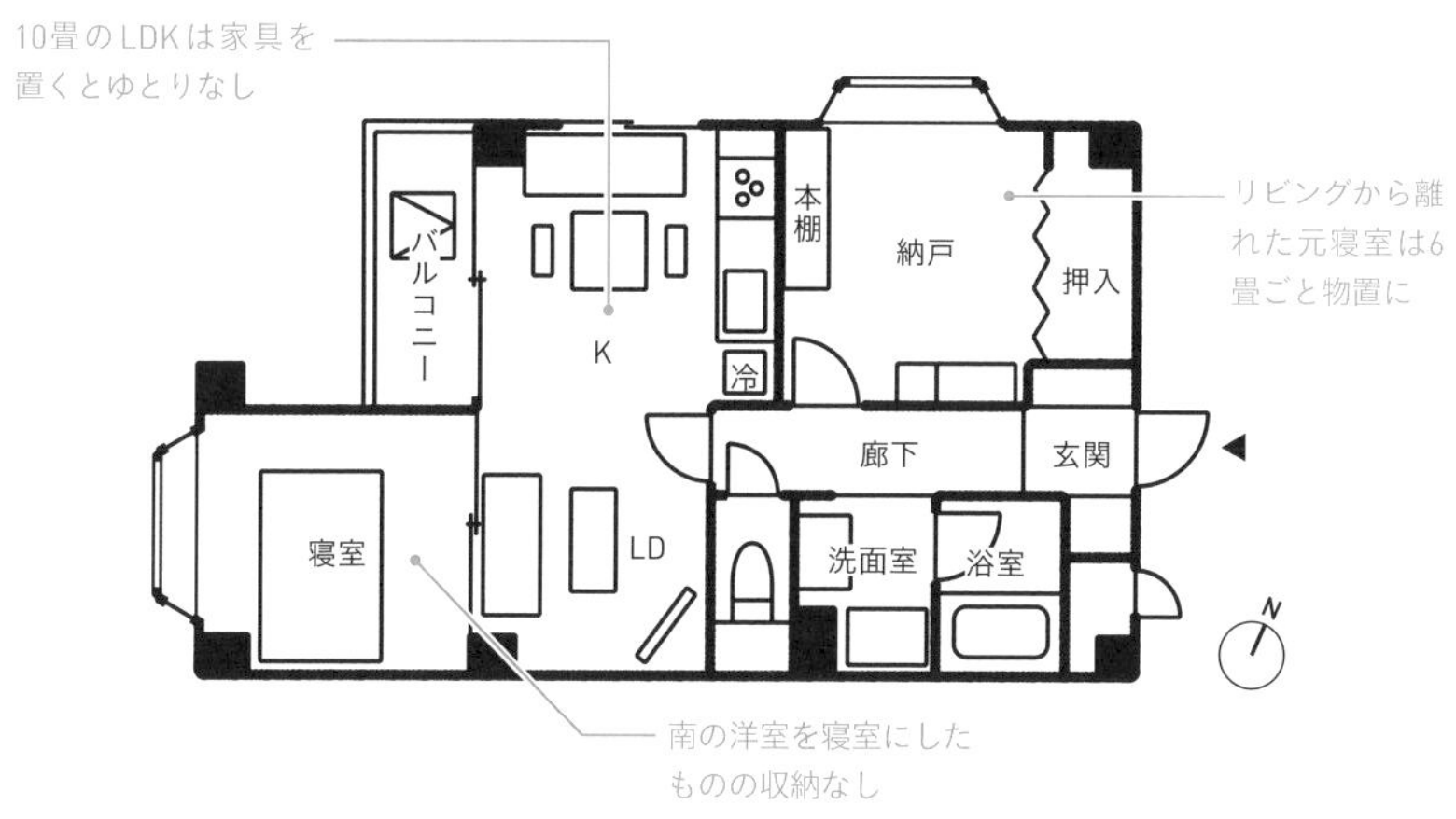

変更は想定内だったものの、恋愛運を左右するという寝室位置を変更してビフォー・アフターを撮影することに。こうして理想だったはずの広々1LDKは、狭い1LDK＋納戸となったのです。

取材後もこのレイアウトで暮らしたものの、モノも趣味も多い私のライフスタイルに合っていません。気付けば寝室だったひと部屋丸ごと、デッドスペースとなり汚部屋化していました。長い間引っ越すしか解決方法はないと考えていましたが、実家の劇的変化を見て、リフォームに切り替えました。

限られた専有面積をフル活用

出来上がったのは、変形角部屋を生かしつつ、必要な場所に必要な量の収納を設けた1LDK。移動したキッチンからは、4つの窓全てが見える明る

Column｜実践リノベ〈マンション編〉

Data
マンション7階建て4階
築約35年（リフォーム時）
専有面積：約48㎡
間取り：2LDK→1LDK+納戸
設計・施工／無添加住宅リフォーム

リノベーション後　各部屋に必要な収納を確保した1LDK＋WICに

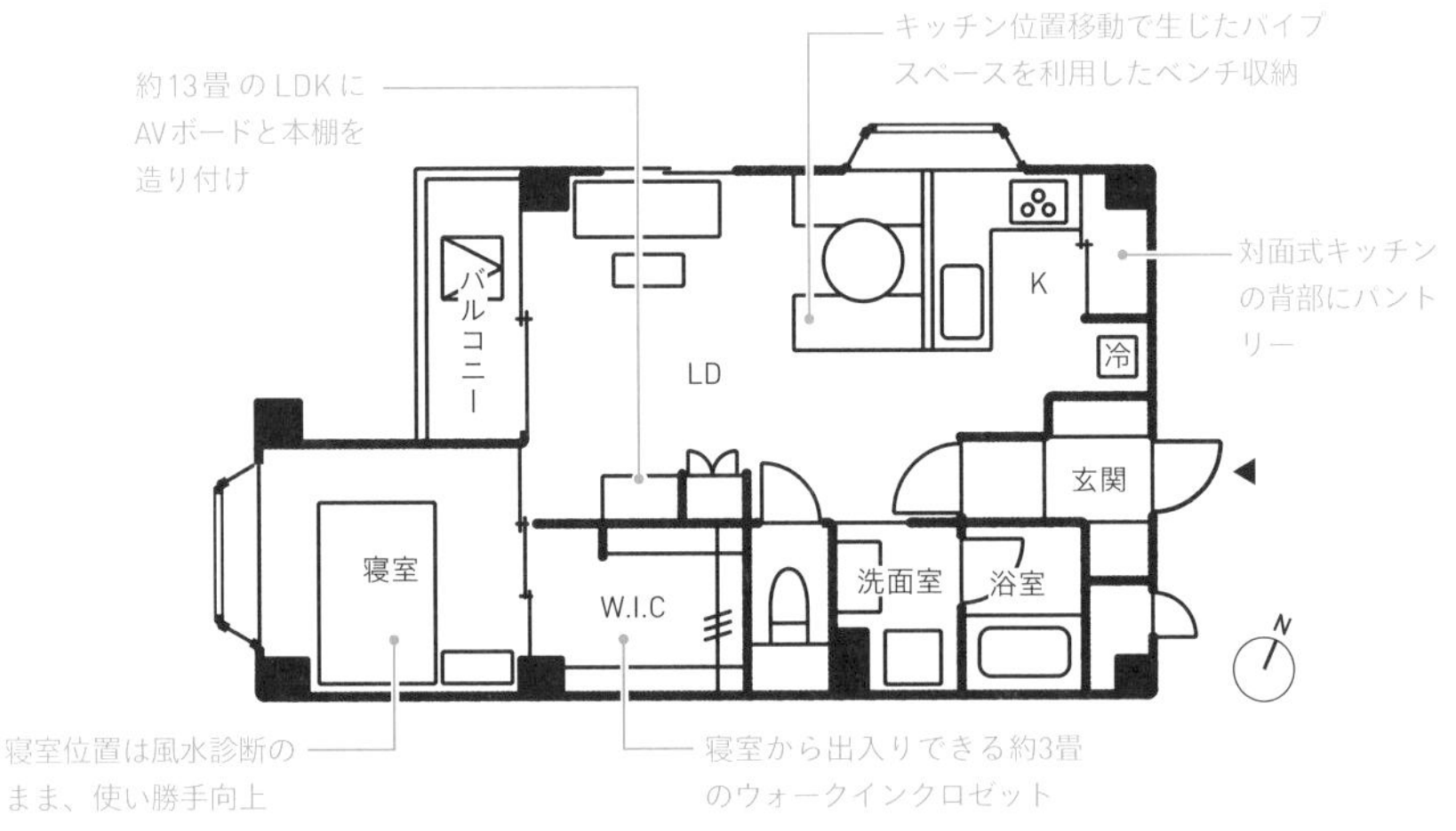

く開放的なプランです。キッチンの背面に食器棚、寝室にウオークインクロゼット、リビングにも2か所の造作収納、適材適所の収納を各部屋にたっぷりと。内装は漆喰壁やウオールナットの床など、自然素材にこだわりました。

長年住んでいると、不便にも慣れてしまう反面、リアルな住み心地や課題は明確。決心さえすれば、リフォームプランは考えやすいのです。デッドスペースを解消して、限られた専有面積を無駄なくフル活用しました。

我慢せず、もっと早くリフォームすればよかったと思う120%満足の仕上がり。しかし、リフォームで環境までは変えられません。次は海の近くに住むという夢を叶えたくなり、現在の古民家と出会い、3回目のリノベに繋がります。ちなみにこのマンション、賃貸として現役活躍中です。

4章

住まい方・暮らし方をひと工夫

↓もっと自由に、自分らしく

新常識
073

地域コミュニティに飛び込もう！

↓ネットワークは数珠繋ぎ、「好き」から自然に広がる

「海辺の街に住む」という夢を叶えるため、地縁のない鎌倉に移住したのが約9年前。都会から郊外、マンションから一戸建て、女一人。子供もいないフリーランスは、仕事繋がりの知人もママ友も期待できません。人口17万人の歴史ある街は閉鎖的なのではと心配もされましたが、結果的には杞憂に終わりました。生まれ育った世田谷では仕事中心の生活だったので、暮らしを楽しむために選んだ街がフィットするのは当然のことでした。

最初に参加した地域コミュニティは、地元の女性事業者の会でした。ここで年齢・業種・キャラクターのバラエティーに富んだ仲間ができました。それぞれの道を極める姿勢に刺激を受け、地元情報の交換、共通の趣味、旅行などを共に楽しむ貴重な出会いに。他にも鎌倉と本好きのコミュニティ、SNSなどを通じたイベントやワークショップ、御贔屓の飲食店繋がりなど、新しい場所には新たな出会いと刺激があります。

初対面でも、共通の趣味や関心事で自然に打ち解けるのは全世界共通。まずは躊躇するより、魅かれた街に飛び込んで、価値観の合う人たちとの出会いを。小さな街なら初対面でも何人か共通の知人がいるもので、「友達の友達」の輪が地域に広がっていくのを実感します。友人もネットワークも数珠繋ぎ、必要なのは最初の一歩を踏み出す勇気だけ！

好奇心に従い、無理しないのが長く楽しむコツ

旅行、スポーツ、古美術、着物、食…「好き」が共通であれば、何が題材でも自然に繋がる。好きの熱量も伝わるので、無理せず本当に好きなことを選ぶのが長続きのコツ。年齢も仕事も関係ない大人になってからの友達は居心地がいいものだ

家に自然・地域との共生を学ぶ

↓庭付き一戸建てで「一人では生きられない」と悟る

3か月後、夏

初夏の購入から秋の工事開始までのわずか3か月で、小綺麗だったはずの庭は雑草で門から玄関までたどり着けないほどの惨状に。夏の雑草の繁殖力は、まさに想像を超えていた

鎌倉に住むまでは、庭や植物には全く関心がありませんでした。虫が苦手だからと実家の庭にも立ち入らず、雑草取りの経験も皆無。無知だったからこそ、物件見学時も建物に気を取られ、広い庭を気にもしませんでした。

しかし購入後に現地に行くと、小綺麗だったはずの庭が雑草で覆いつくされ呆然。この時初めて、見学時の印象を良くするため、売主様がお手入れされていたことに気付きます。一方、雑草だらけだったご近所との共有通路が、急に刈られてスッキリしたことも。これは工事開始のご挨拶状を見たお隣さんの歓迎の印、と聞いて大感激。庭や雑草には、住む前から、悲喜交々学ばせてもらいました。

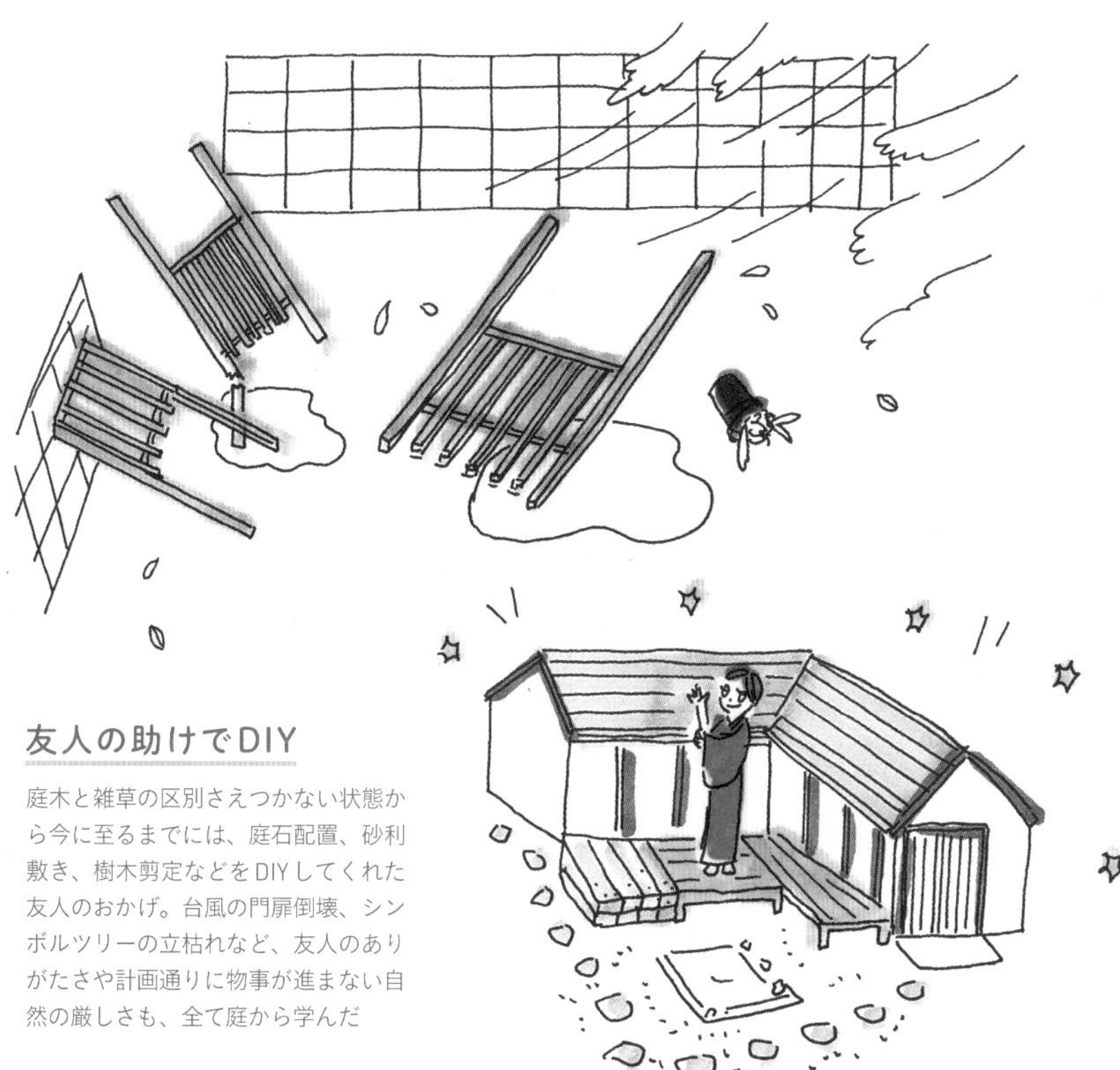

友人の助けでDIY

庭木と雑草の区別さえつかない状態から今に至るまでには、庭石配置、砂利敷き、樹木剪定などをDIYしてくれた友人のおかげ。台風の門扉倒壊、シンボルツリーの立枯れなど、友人のありがたさや計画通りに物事が進まない自然の厳しさも、全て庭から学んだ

意のままにならない庭はまさに自然の縮図

台風、落ち葉掃除、蚊やムカデなどの毒虫、鳥との果実取り合い、モグラ跡……、庭は四季の変化を伝えてくれる自然の縮図でもあります。自然には太刀打ちできないし、気を付けても枝や落ち葉は塀を越境するので、ご近所とは「お互い様」で助け合うしかありません。一から庭づくりをしてくれたDIY達人がいなければ、いまも雑草で歩けないでしょう。台風で門扉が倒れた時には、古民家仲間が駆けつけてくれ、通路を確保することができました。暴走する雑草や高い樹木の剪定を、毎夏気づかってくれる友人もいます。

マンション住まいの時は鍵ひとつあれば一人で生きていける気になっていたけれど、一戸建てではそうはいきません。地域と協力し、自然と共生していかねばと教えてくれたのもこの庭だったのです。

新常識
075

豊かな自然と表裏のリスク

↓災害の備えは日頃の心構えと地域との繋がりから

海と山に囲まれ、「自然豊か」と言われる鎌倉。しかし何事にもメリットの反面、デメリットもあります。海と山に囲まれて多湿、海風で洗濯物が塩っぽく自転車も錆びる、時に砂嵐が舞う、虫や雑草が手強い、川沿いは浸水、山沿いは土砂災害の危険……。鎌倉のみならず、各自治体が自然災害による被害を予測し、その被害範囲を地図化した「ハザードマップ」を作成し、公開しています。情報は随時見直しや更新され、最新情報はインターネット検索可能、自治体窓口では具体的地域の被害履歴も確認できます。

被害想定区域を全て避けると、住む場所はかなり限定されます。リスクを把握したうえで住む判断をするなら、災害時の避難場所や経路確認、避難シミュレーションは必須です。また災害リスクには、可能な限りの事前対策を。我が家は河川が近いため、火災保険のオプションを追加。令和元年東日本台風時には、この保険活用で壊れた塀を修理できましたが、保険がなかったら精神的苦痛の上に金銭的負担も重なり、大打撃だったでしょう。万が一の時、近隣との声掛けや助け合いは心強いもの。大雨の時には、マンション住まいの友人宅に避難に誘われ、近所の火事も友人からの連絡で知りました。日頃のご近所付き合いや地域ネットワークも、いざという時の大きな精神的備えになるのです。

自然が身近だからこそリスク対策を

洪水・内水・高潮・津波による浸水リスクを示す「水害ハザードマップ」や「土砂災害ハザードマップ」などは自治体ホームページほか国土交通省「不動産情報ライブラリ」でもWEB検索できる

水災保証の支払要件

保険は必須のリスク対策。火災保険の水災補償では、一般的に下記図中のいずれかの支払要件に当てはまった場合に損害保険金が支払われる

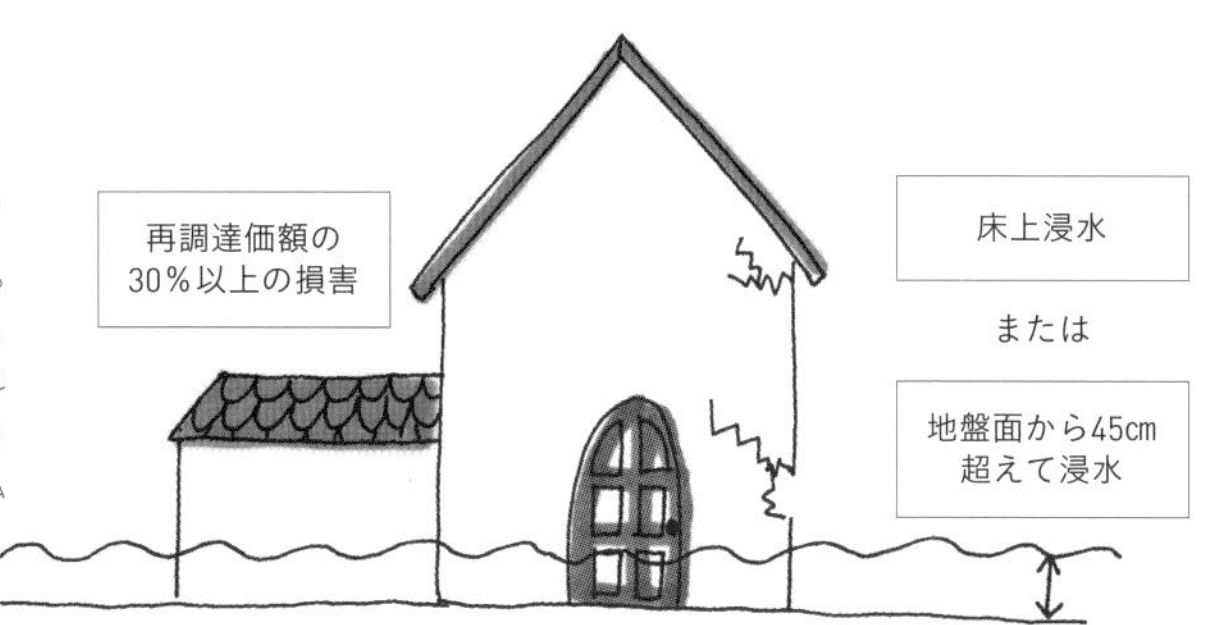

鎌倉は洪水や土砂災害などの危険区域が多く、我が家も川が近い平家なので津波時は要避難。私は好きな場所に住むために、自力で避難できるうちはリスクを受け入れると判断。友人たちも自主的に家族で避難訓練をしたり、水害に備えて大切な商売道具は別に保管するなど、対策を講じて暮らしている

新常識
076

住まいも暮らしもアップサイクル

↓使い捨てから、無理なく丁寧な暮らしへ

アップサイクル、4R、SDGs……いまやこれらの概念も当たり前となり、私も「丁寧に暮らしている」などと言われますが、実は都内在住時は全く無頓着。社会や地域とのつながりも希薄で、ゴミや二酸化炭素など環境問題への当事者意識もありませんでした。

それが古民家をリノベーションし、自然豊かな鎌倉で暮らし、考え方も行動もガラリと変わりました。今の古民家の物件チラシには、「土地としてもご検討ください」と書かれていました。築90年越えとはいえ、手を入れれば住める風情のある家。それを壊して更地にして新築するには、建築費だけでなく解体費とゴミの山が待っているのに。

4Rとは？

Refuse（ゴミにつながるものを「断る」）、Reduce（必要な量だけ買って「少なく」）、Reuse（捨てるのではなく「再使用」）、・リサイクル（Recycle：資源を分別し「再生利用」し循環）の４R

私も4R実践中

買い物時はエコバックで恥を忍んでコロッケ一つを買い、着なくなった服は交換会、頂き物は美味しいうちに配るなど実践しているが、いまだに「断る」は苦手

使い捨ての時代は終わった

受け継いだ今年100歳古民家は、耐震性も問題なく健在。かつて間に合わせで揃えた家具は処分することになり、代わりに増えたのは年代物の古道具や家具。使い捨ての時代は終わり、いい物を長く使い、受け継いでいくお年頃ということか

「この家は私が守らねば」と直感的に思い、工事では「使えるものは全て残したい」とリクエスト。足りない建具や家具もなるべく新品でなく、古民家に合うよう古道具やリサイクル品を調達しました。これらの古道具は様々な家から来たいわば寄せ集めでありながら、新たな役割を楽しむようにひとつの空間で馴染んでいます。古材の質感や建具の細工を生かした再生品は、存在してきた歴史の重みを感じます。かつて解体現場で廃棄されていた古民家の建具や古材も、ニーズの増加とともに流通・再利用の機会も増えています。

日常の暮らしでも、4Rを実践。なるべくゴミは出さず、古き良き物の橋渡しできるよう古物商の資格も取りました。生ごみは土に埋め堆肥に、水筒を持ち歩き、着物など和アイテムのアップサイクルも研究中。日々できることから、住まいも暮らしもちょっとひと工夫、ひと手間を、自分なりに無理なく楽しんでいます。

新常識
077

在宅ワークを快適にするひと工夫

↓家時間の長期化にデッドスペース活用で個空間

コロナ禍によるテレワークの普及や副業の推進などで、急速かつ容赦なく、住まいにオフィスの要素が入ってきました。従来寝るだけの前提だった家での在宅ワークでは、集中できない、息が詰まる、オンオフが切り替えられない、など各種ストレスが発生しました。ダイニングを仕事場にしたことで、多数の人が肩凝り、腰痛、目の疲れ、頭痛に悩まされました。原因は同じ机と椅子でも、インテリア重視のダイニングと長時間座って作業する前提でつくられているオフィス家具は、機能が全く違うから。照明も、食事を楽しむシーンと明るいパソコンや細かい字の書類に向き合うシーンでは、計画が異なります。結果、オフィス用椅子や照明を購入したり、ネット環境を整備したりと大忙し。

在宅でオンライン会議となると、気になるのが「音」です。個室が必要になり、クローゼットや階段下などのデッドスペースの活用、部屋の一画を採光できる間仕切りで仕切る、などワークスペースもアイデア次第。仕事専用の個空間を設けることは、住まいの中でのオンオフ切り替え効果も期待できます。シェアオフィスやWi-Fiが使えるカフェなど、近隣施設を使う機会も増えました。これからは家族の人数だけでなくワークスタイルが家の広さ、部屋数、環境など、住まい選びの優先順位に影響しそうです。

デッドスペースを多目的化

収納に使われていた玄関やクローゼット、デッドスペースになっていた部屋の一角、使っていなかったベランダなどをひと工夫して、ワークスペースに。またコロナ禍で清潔意識が高まり、玄関周りに手洗いスペースを設置し、マスク置き場やゴミ箱、コートやバッグ掛けなど個室に持ち込まず多目的化するアイデアも

新常識 078

「DIYブーム」はいい事づくし

↓コストダウン、住まいへの愛着、付加価値アップにつながる

かつてはお父さんの仕事とされがちだった「日曜大工」ですが、昨今の「DIY」は老若男女に裾野が拡大。おうち時間の増加やDIY商品の進化もあり、ブームはますます過熱中。ホームセンターや専門店での初心者向け講座、空き家でDIY体験会、TV番組や動画サイトなど、目的やレベルに合わせて機会も情報も豊富で身近になりました。

DIYブームは、まさにいい事づくしです。新居の構造に係らない内装仕上げ等を家族でDIYすれば、職人さんの人件費なく材料費だけで済み、工事費のコストダウンになります。家づくりに参加することで完成済みの新居にポンと引っ越すより、住まいへの関心や愛着も深まります。住みながら適切に手を加えれば、付加価値アップにもつながります。

ホームセンターは大繁盛。仕上がりがイメージしやすい展示、簡易組み立て製品、扱いやすいサイズ、材料を指定サイズにカットや大工道具や軽トラックのレンタルまで、細やかなサービスが挑戦意欲を後押ししてくれます。いまや100円ショップでもDIYコーナーがあり、バリエーションも豊富。インテリア小物や室内の造作収納から始まり、庭のウッドデッキ、小屋造り、壁のペンキ塗り、本格的な大工仕事へとステップアップも。女性ならではのセンスを生かした、空き家や店舗のセルフリノベーションも増えています。

家族・友人と内装仕上げをDIY

特にお勧めのDIYは、室内壁の仕上げ。壁紙、ペンキ、珪藻土、漆喰など、素人でも失敗しにくいよう工夫された商品や色のバリエーションが実に豊富。塗りムラなども味わいのひとつになるし、失敗しても住み心地には関係ないので気軽。家族で作業して子供の手形や日付を記念に残したり、壁を黒板にできる壁紙やペンキで家族の伝言板をつくったりするのもいい

新常識
079

自然素材で気持ちよい空間づくり

↓見た目はもちろん、使うほどに良さがわかる

自然素材は見た目の良さはもちろん、性能の高さや経年変化も魅力です。昔から選ばれてきた素材には、それなりの理由があります。過去の自宅マンションリノベーションでは、無垢材フローリングの質感、漆喰(しっくい)壁の光の反射と澄んだ空気感がお気に入りでした。

自然素材の良さは多々ありますが、最大の悩みはコストです。私のマンションは狭い分素材にお金をかけることができましたが、現在の古民家は広く、かつ断熱工事など他に優先すべきこともあり工夫が必要でした。フローリングは足触りのいい無垢材が必須、しかし床暖房対応の無垢材はさらに高く床暖房を諦めました。冬は少々寒いものの、傷で安っぽくなる合板と違い重厚感があり、経年変化も味になります。予算の関係で後回しにした縁側は、メンテナンス不要の丈夫なウリン材を使ったアウトドアリビングとして最近完成。室内壁は漆喰を諦め、自然素材ながら少しコストを抑えられる珪藻土(けいそうど)仕上げに。

特別なアレルギー体質ではなくても、新築や工事中の現場独特のニオイが気になることもあります。化学物質過敏症も花粉症と同じで、いつ、何がきっかけで発症するかわかりません。住まいで過ごす時間は長いだけに、直に触れ、長い時間を過ごす素材こそ、コストも考えながら上手く取捨選択したいものです。

漆喰と無垢フローリングにこだわる！

諦めきれない漆喰はDIYで

予算の関係で諦めたものの、鎌倉の湿気は強力で珪藻土の白壁にカビ発生。カビにも強い漆喰にすれば良かった……と思っていたら、いい商品が！ 友人宅のDIYで使用した「漆喰うま〜くヌレール」（日本プラスター）は、商品名通りすぐコツがつかめ、素人でも下手なりに味ある仕上がりになる。色バリエーションも豊富でホームセンターや通販で手軽に入手できる。珪藻土の白壁を、アクセントウオール的に一面だけ色を変えて漆喰で上塗りしようと計画中

床暖房を諦め無垢のパイン材に

無垢のフローリングを通年裸足で楽しみたい。予算の関係で床暖房は諦めて厚みのある無垢のパイン材を選び、冬はホットカーペットを足元に置いて乗り切っている。ちなみに諦めた床暖房は、大小ホットカーペットの使い分けで乗り切っている

インテリアは家具より必要品を優先

↓すぐ必要なものと一生ものを分け、住みながら完成形に

「入居までにインテリアを完成しなくては」と焦って家具を揃える人が多く、もったいないなと思っています。日頃から目をつけている家具があれば、もちろん引っ越しはインテリア刷新に最適なタイミングです。予算に余裕があれば、新居に合わせた家具をインテリアコーディネーターと相談して揃えるのもいいでしょう。しかし、住宅購入直後はなにかと出費が続き、更に忙しいはず。そんな時に慌ててモデルルームのような完成形にする必要はありません。暮らしながら、じっくり自分の城を作り上げていけばいいのです。

予算不足であれば、まずは無垢のテーブルや名作椅子一脚など、インテリアのポイントになる一点から始めて、時間をかけて揃えましょう。イメージする家具があれば、プランに反映しておき、当面は手持ちの家具で過ごしてもいい。焦って選ぶと「広いショップと違い家では大きすぎる」「目が肥えて後でお気に入りが出現」など後悔することに。

大きな家具の買い替えは、購入費用だけでなく処分費用もかかり、環境の負担にもなります。我が家も結局急いで揃えたものはいつか消え、どうしても欲しくて記念日などのタイミングに購入した家具をマンション・古民家関係なく長く愛用中。足りないものは古道具や骨董市などを覗きながら、徐々に自分の家らしくなっていく変化も楽しんでいます。

一生ものの家具をじっくり選ぶのも楽しい

引っ越し時に最優先で揃えるべきインテリアは、生活上ないと困るもの。カーテン・照明・電化製品を優先して、家具はお気に入りをゆっくりと。手持ちの家具の色やテイストに違和感あれば、ファブリックでカバー、ペンキを塗る、などのひと手間でコーディネートできる

新常識
081

「着物」はインテリアにも大活躍

↓日本の伝統衣装はアップサイクル向き素材

古民家に住んだからか、年齢のせいか、着物がマイブームです。日本の伝統衣装である着物を着る人が少なくなり、タンスに眠ったまま処分されていくのを見過ごせず、和裁、自己流リメイク、着物仲間とお出掛け、古物商の資格取得などチャレンジしています。

そこで改めて認識したのは、着物がアップサイクルに最適な素材であるということ。生地は絹・麻・木綿などの天然素材、伝統製法による複雑な模様など色柄も唯一無二。サイズ変更や汚れを見越したつくりで、解けば簡単に元の反物に戻ります。昔は一枚の着物を羽織や帯に仕立て直し、小物座布団カバー、最後は雑巾として使い切っていました。

眠っている着物は、ぜひインテリアにアップサイクルを。インテリア利用なら最大のネックになりがちなサイズや着付けに関係なく、好きな色柄をファブリックアイテムとしてそのまま活用できます。子供の晴れ着や男性の羽織を飾る、帯や反物をテーブルライナー・タペストリー・掛け軸代わりに。お気に入りを選んで額装やパネルにすると絵画のようで、時代を経ても空間を華やがせるアクセントになります。リサイクルなら着物もファストファッション並み値段、ハワイの日系移民が着物からアロハシャツを作ったように、アイデアを駆使して日常のファッションに、インテリアに、どんどん活かしましょう。

インパクトのある和布で模様替え

羽裏に凝った男性の羽織は、飾っても裏表に着てもインパクトあり。帯や反物を、そのままテーブルライナーにするのも定番。ひと手間かけるなら、ランチョンマットやクッション、ランプシェード、椅子の張地などにしてコーディネート。木製建具と組み合わせて衝立や照明をDIY、生地を裂いてまとめた絹ハタキも、色が綺麗でレトロ可愛い

新常識
082

内外を曖昧につなぐ「縁側（えんがわ）」「土間（どま）」

↓プラスα空間として多目的に活用しやすい

日本家屋らしい空間として思い浮かぶのは、家の中と外を曖昧につなぐ縁側や土間です。縁側とは部屋と庭との間にある板張りの通路で、室内で和室の外にある「広縁（ひろえん）」と、建物外に設けられた「濡れ縁（ぬれえん）」があります。洋風の家ならウッドデッキやサンルームにあたるものですが、猫が日向ぼっこしていたり腰かけて庭を眺めたりといった光景が目に浮かびますね。我が家でも、ちょっとした接客スペース、荷物受け取り、アウトドアリビング、月見台などに大活躍です。

土間は、壁や屋根のある屋内でありながら土足のまま使うスペースです。現在は玄関の三和土（たたき）だけを靴の脱ぎ履き場として低くした家が多いものの、昔の家では玄関や台所などが土間で地面と同じ高さにあり、床を張った高い位置の居室と区別していました。

この土間空間、汚れても掃除しやすく、内と外をつなぐアレンジが豊富で、改めて注目されています。我が家の玄関土間はロードバイク、靴、ゴルフ道具などの収納と古道具展示に。かつて取材したお洒落さんは、玄関脇に広いウオークインクロゼットの土間を設け、靴から服やコート、帽子までお出かけ前に全身コーディネート。ほかにも店舗スペース、ワークコーナー、イベント使用など、夢が広がる多目的空間なのです。

曖昧空間はアレンジしやすい

縁側は、室内外の床の高さや素材を揃えることで空間が繋がって広く感じ、部屋の延長として活用しやすくなる

我が家の玄関は4畳半と広めで、3畳分のタイル敷き玄関アプローチから続く土間を収納、自転車のメンテナンス、趣味のアンティーク展示など多目的空間に使用。室内なので照明や冷暖房もあり、暑さ寒さや蚊の攻撃を気にすることなく、汚れても水洗いでき、掃除もラク

新常識
083

「引き戸」でフレキシブル空間に

フルオープンにして繋ぐのも、仕切るのも自由自在

種類も豊富な引き戸

引き戸は開き戸と違って前後のスペースも活用でき、省スペース。「片引き戸」「引違い戸」「引分け戸」、枚数が3枚以上で開口部を広くとれるものなど、種類も豊富

我が家は日本家屋ということもあり、ほとんどが「引き戸」です。引き戸とは、障子や襖（ふすま）のようにレールや溝の上を往復することで開閉するもの。ちなみに「開き戸」は、ドアノブを回すなどして押す（または引く）ことで、弧を描いて開閉するもの。他に折りたたむ形で開ける「折れ戸」があります。

開けたら閉める開き戸に対して、引き戸は開けたままでも閉めても、スッキリ収まるのもポイント。一人なら引き戸を閉めて冷暖房効率良く、大人数の時は開放して空間を繋ぎ広々と。襖を外せば、さらに空間を一体化できます。バリアフリー観点でも間口を広く取りやすく、トイレの向こうで倒れて戸が開かないという心配もありません。床の段差が気になる場合、下に溝を作らず上から吊るタイプもあり、高齢化時代ますます注目です。

新常識 084

趣あるレトロな「木製建具」

↓新築やマンションにも使えてアレンジも多彩

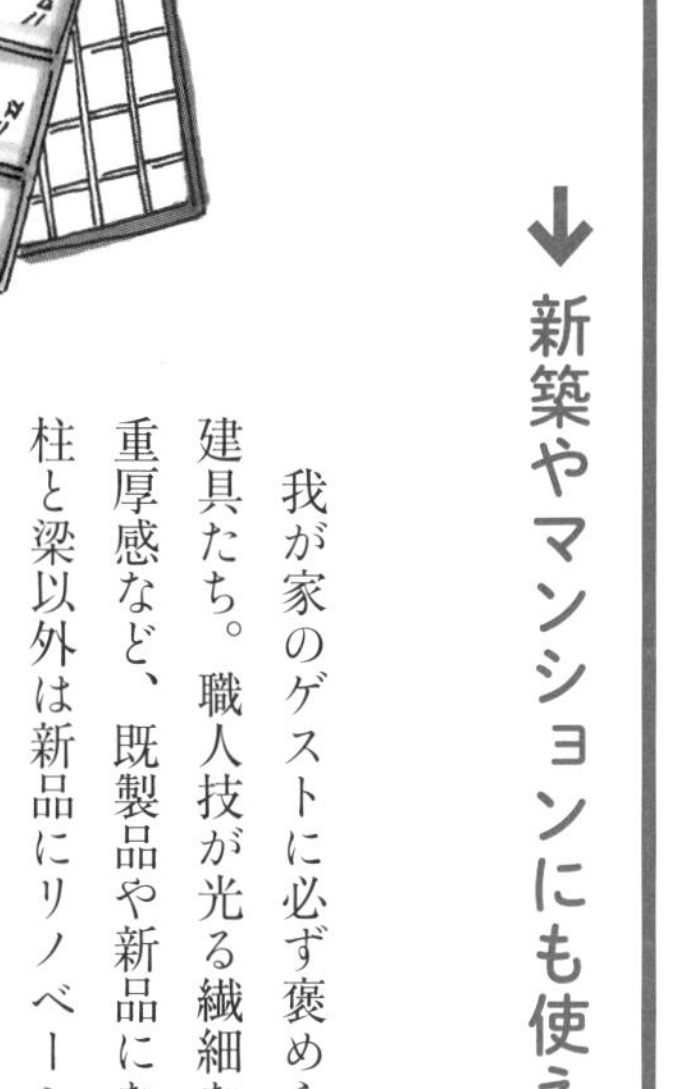

我が家の建具活用

建具そのものの細工を生かして障子、収納扉、エアコンの目隠し、通気窓、など各所で大活躍。ガラスを入れ替えるだけで表情が変わって、アレンジも楽しいインテリアのポイントだ

我が家のゲストに必ず褒められるのが、レトロな木製建具たち。職人技が光る繊細な細工、年月を経た木材の重厚感など、既製品や新品にない趣が魅力です。室内は柱と梁以外は新品にリノベーション済みですが、この木製建具が時代を繋いでくれています。元からこの家にあった建具だけでは足りず、古道具好きの友人に譲ってもらったり、骨董市で探したり、出所は様々です。

木製建具はオーダーメイド品でも日本家屋の基本寸法は共通なので、調整程度で再利用しやすいのも魅力。最近は古材や建具などの古道具の流通も増えています。日本家屋に限らず新築一戸建てやマンション、店舗でも、インテリアのアクセントに。手軽に取り入れ、好みの障子紙や和紙を張ったり、ガラスを入れたり、アレンジがしやすいのも人気の理由です。

新常識 085

やっぱり落ち着く「畳空間」

↓機能的でインテリア性優れた多目的スペースに

見直される畳の機能性

畳には保温断熱性、湿度調整、弾力性など日本の風土に合った機能がある。着物の着付けや布団を敷く際、掃除機をかけてもフローリングより畳の上が安心。我が家のゲストもリラックスするようで、畳でゴロリ寝続出中

いま、多目的に使える畳空間が見直されています。フローリングの広々リビングが主流となり、和室のない家も増えていますが、独立した和室でなくリビング一画の畳コーナーなら、仕切って客間としても広々解放しても使えます。畳は客間だけでなく、おむつ替えや洗濯物整理などのちょっとした家事、ゴロリ横になりたい時など、あると使い勝手がよいものです。

畳そのものも、従来のイメージを一新する進化をしています。畳縁(たたみべり)なしの琉球畳、洋風柄などデザイン性高い畳縁、半畳サイズや軽量畳など、見た目や機能面のバリエーションが豊富。選び方次第で和の印象に偏らず、インテリア性の高いくつろぎ空間が出来上がります。和室に限らずフローリングの上に置き畳を敷けば、手軽に畳コーナーになり、究極のフレキシブル空間が生まれます。

新常識

086

お手軽でアレンジ多彩な「簾（すだれ）」

↓ 日除けや目隠し、ロールスクリーンに大活躍

簾でインテリア＆カビ対策

湿気の多い鎌倉は、空気が溜まりがちな収納のカビ対策が悩みの種。サイズ豊富な簾に巻き上げ機を付けてロールスクリーンにすれば、通気性良いアジアンリゾート風に

簾とは、細かく割った竹や葦（あし）などを編んだものの総称。古くから夏の風物詩として、吊り下げて日よけや目隠し、部屋の仕切りなどに使われてきました。現在では天然素材だけでなくプラスチックやシリコンなど多様化、その分価格もピンからキリ。生活用品店だけでなく100円均一店でも入手可能なほど、サイズも素材もバリエーション豊富なお手軽アイテムです。

我が家でも日除け兼目隠しとして軒下に設置し、夏に限らず一年中使っています。隣家が近い窓には、窓の外側に取り付けて目隠しに。縦長の窓の室内には、簡単な巻き上げ器を取り付けてロールスクリーン代わりに。取材先では、押入れ襖（ふすま）を外して簾で目隠しをして、収納スペースの通気性を確保していた例も。軽くて扱いやすく、アイデア次第で様々な使い方ができる簾、おススメです。

新常識
087

家づくりにまつわる儀式や風習

↓建てるときはもちろん、お別れも気持ちよく

家を建てる際のしきたりや行事は、全国各地、様々な形式で行われています。「地鎮祭」「上棟式」「竣工式」などが代表的なもので、街でお清めの名残りがある更地や、工事関係者らが集まって賑やかな場面を目にすることもあるでしょう。工法によっては棟上げがないから上棟式はなし、神主さんを呼ばずにセルフで開催するなど、施主次第で簡略化の傾向はあるものの、建てる際には何かしらの儀式がイベント的に行なわれています。

一方、取り壊されていく建物はどうでしょう。長年住んできた家族を守り続けた建物の解体は、心が痛む場面です。そんな建物に感謝する儀式として、上棟式ならぬ「棟下式（むねおろし）」ができるキットもあります。建物の新旧住人など関係者が集まり建物のお葬式で思い出を共有することは、建て替え後の新たな始まりにつながる仕掛けにもなります。自宅の建替えにあたり家への「感謝祭」と称して、家まるごとのフリーマーケットを実施した友人もいます。建替え前の家に残った建具、照明、着物、庭の苔や花までが知人だけでなく通りがかりの人を含めた多くの人に引き継がれ、役目を終えた家も幸せそうでした。

形式はどうあれ、大切なのは気持ちです。家を建てるときだけでなく、お別れする時も、土地や建物への感謝の気持ちを自分なりに表現したいものです。

家を建てるときの主な儀式

建物を建てる際の三大儀式は、着工前に氏神様に土地の使用と新築の許可を頂く「地鎮祭」、木造軸組の建物が形になるタイミングで無事完成を願う「上棟式」、完成感謝と繁栄を祈る「竣工式」

上棟式は建て前ともいい、風習によって餅・菓子・お金などを撒くなど、地域差があり興味深い。上棟式後の直会（なおらい）という宴会は、施主と近隣住民、工事関係者がコミュニケーションを図る機会でもある

新常識
088

気になる「占い」は自分主体で

↓風水、占星術、家相、方位を上手に使いこなす

総じて女性は占い好き、そういう私も実は各種占いをひと通り経験済です。風水の第一人者・小林祥晃先生（通称Dr．コパ）を担当記事で取材したご縁から、テレビ番組の企画で自宅マンションを風水で改造して頂くという体験もしています（P142）。

そもそも風水とは、太陽・風・水など身の回りの環境を利用してよい運気を呼び込む考え方。家相は、家の位置や方向、間取りなどの吉凶を判断。占星術は天体の動きと人の生年月日時や誕生地を基に判断するもので、西洋占星術や中国系の四柱推命や九星気学があります。いずれも統計学や経験に基づいており、「東南の張り出し」は日が入り明るいので吉、「南西のキッチン」は西日で食品が腐りやすいので凶など、理にもかなっています。

しかし、現代の複雑化した住環境の中で、吉といわれる長方形の敷地を探すことは至難の業。値段的に手が届くのは変形敷地だったり、周辺建物の影響が大きい密集地だったり。占いに頼って使い勝手悪い間取りやプラン変更で大出費、などの泥沼も見ています。私の住宅購入は、2回とも占いなしに直感で決断。逆に迷いがあるときは、頭を整理するために相談します。誕生日に占星術で一年のキーワードを確認したり、気分転換に風水インテリアで模様替えしたり。占いは原理原則をふまえ、自分主体で使い分けるといいですよ。

風水で運気アップ！

「鬼門」ってなに？

風水や家相における「鬼門」とは、家の中心から見て北東の表鬼門と南西の裏鬼門。これが対となり鬼（不吉なもの）が入ってくるとされ、この位置に家の運気に大きく影響する玄関、キッチン、トイレの「三備」を配置しない方がいいとされる

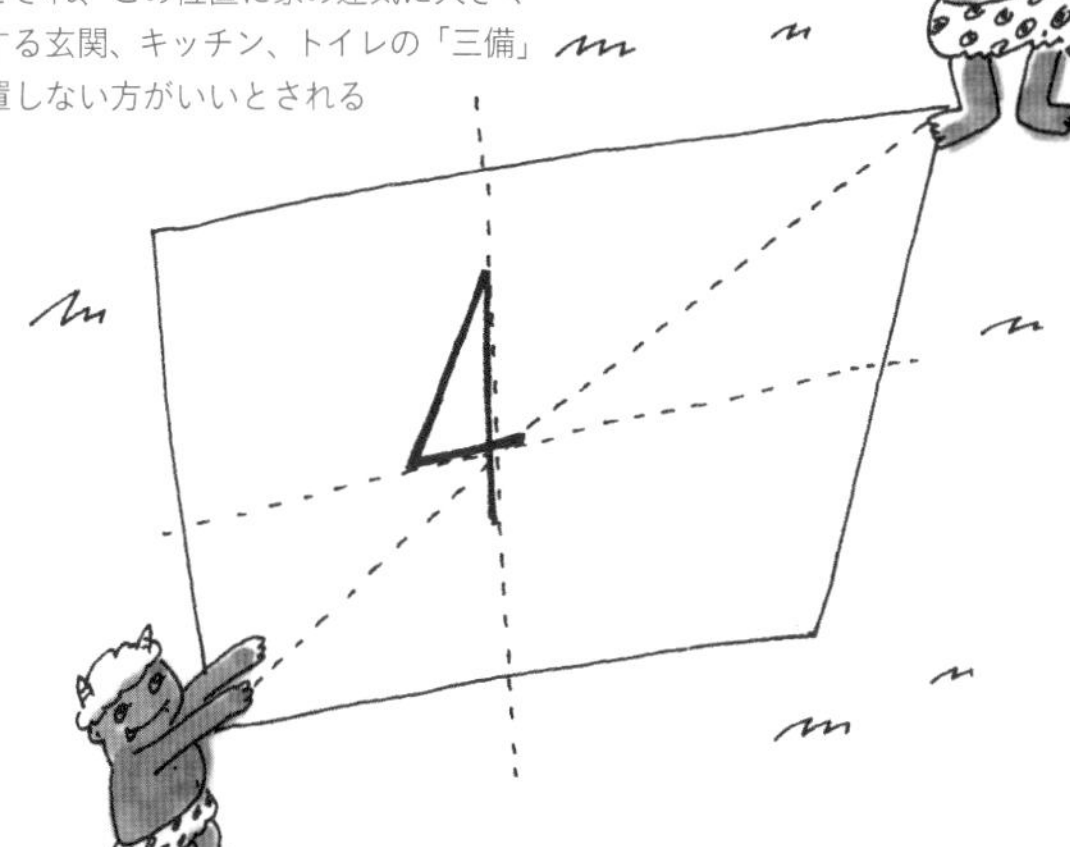

鬼門の対処方法は？

人や運気の通り道でもある玄関、顔を合わせエネルギーも生み出すキッチン、不浄な場で悪いものが溜まりやすいトイレ。鬼門にそれらがある場合、まずは悪い運気を溜めないよう整理整頓と清潔を心掛け、観葉植物を置くなど日々の工夫で対処しよう

風水インテリアで仕事向きから恋愛向きに!?

自宅マンションは「仕事向き」と診断され、寝室位置を北から南に変更。インテリアも恋愛運を上げるため、テーブルは温もりある木製に。大理石やガラスのテーブルは、冷たい素材だからダメ。色はシックなモノトーンから、ナチュラルな白やグリーン、寝室にはピンクを。玄関は運が入ってくるので、常に綺麗に保つようアドバイスされた

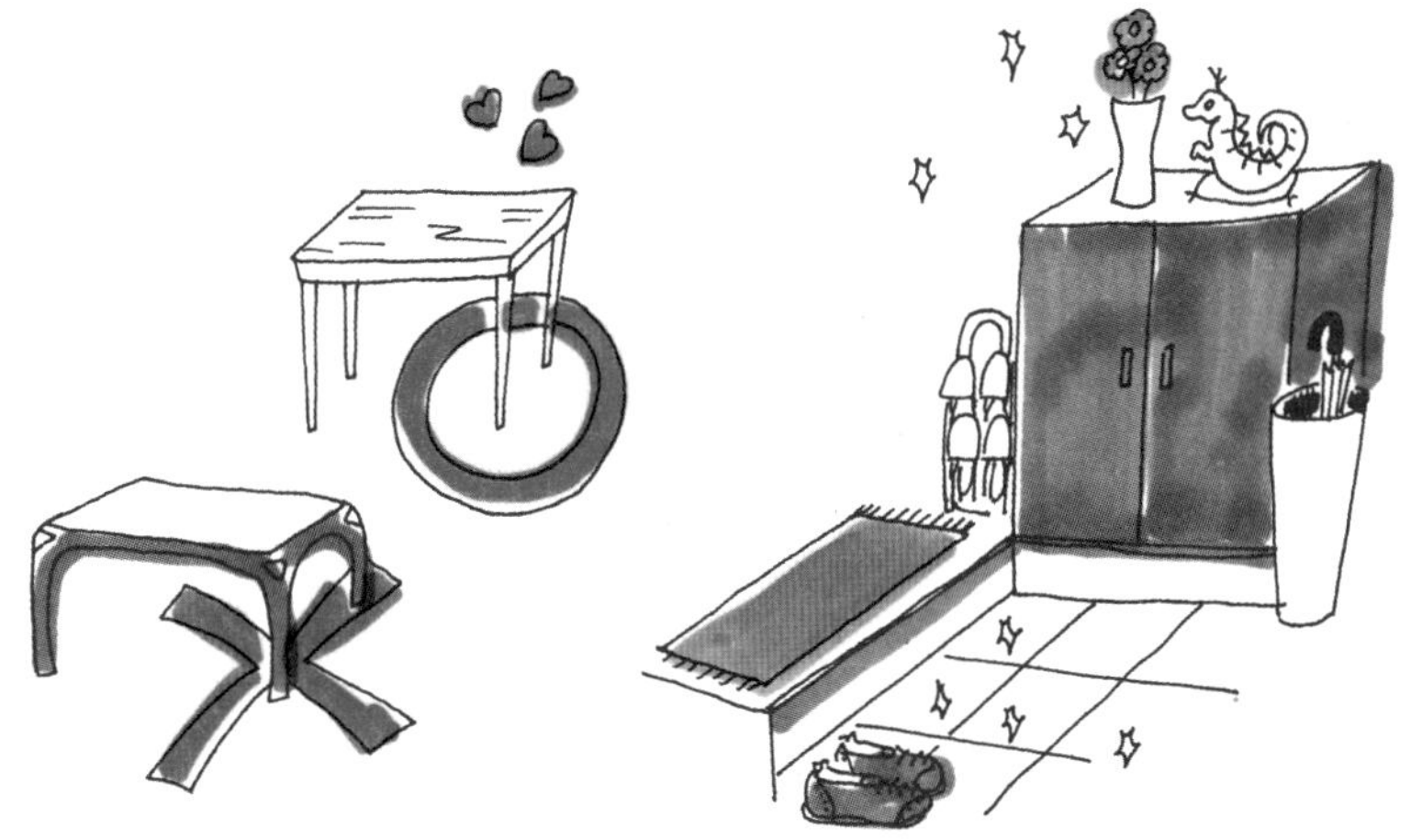

新常識
089

お宅訪問は最強・最速の社交術

↓価値観の結晶である家はコミュニケーションも深める

仕事で一番好きなのは、「お住まい拝見」の事例取材です。全く同じ間取りのマンションで、住まい手によって世界観が異なることに感心。建築家の自邸で、神が細部に宿る工夫と技に感嘆。長年の悩みが、リフォームで解決した劇的変化に共感。何千軒もの家を見ていても、初めての住まいに伺う時はワクワク。知人宅なら遠慮する収納や寝室も拝見し、資金計画なども取材なら正面から伺えます。有名人だけに限らず、こだわりの家を紹介する番組や記事が人気なのも納得です。

住まい手と家の出会いや完成に至るまでの道のりは、まさにドラマ。住まいは夢と予算がせめぎあい、取捨選択されたそのひとらしい価値観の結晶です。また受け継がれる家にも人格ならぬ家格があり、家を選んでいるつもりが選ばれている気もします。お宅訪問では家主の言葉だけでなく家からも思いが伝わってきて、急速に理解が深まります。愛されている家は暖かく幸せそうだし、立派な家でも思い入れの少ない家は寂しそう。

そんな住まいに招き合うのは、究極のコミュニケーション術。素敵なお店に行くのもいいけれど、最短で心理的距離が近くなり理解も深まるお宅訪問と家宴会が楽しい。幸せな人と住まいの出会いを増やし、見届けることが、私の仕事のモチベーションです。

初対面でも価値観を共有しやすい

この本で紹介した事例1（P194）では私も毎年作る梅酒のレシピを聞き、事例2（P202）ではお揃いの小物や本がたくさん。事例3（P209）ではソファとキッチンが我が家と同じ、という偶然に盛り上がる。初対面でも、住まいはその人の大切にしていることを、そっと教えてくれる

引越し挨拶のタイミングは？

↓今どきのご近所づきあいも日々の挨拶から

引越し時の近隣への挨拶は、地域、年代、性別、家族構成などによっても判断が異なるでしょう。都会のマンションなら上下両隣程度、プライバシー重視で実施しない人も。一戸建てに一人で住む私は「積極的挨拶」を選択、近隣10軒以上をまわりました。玄関の鍵ひとつですむマンションと異なり、ごみ集積所や通路の共用、庭木問題など単独で完結せず、顔を合わす機会も多いからです。

挨拶のタイミングは、中古購入後にリノベーション工事をして引っ越す場合、悩みます。購入前に住み心地ヒアリングがてら、購入後すぐ、工事開始前、引っ越し時、それぞれにメリット・デメリットがあります。私は工事前に連絡先となるリフォーム会社と一緒に、引っ越し時に単独で、計2回の挨拶を実施。おかげで工事中の現場情報を頂けるなど、工事中も入居後もスムーズでした。

工事前には具体的情報を

挨拶時には、先方が知りたいであろう具体情報を提供が必須。工事前であれば具体的な工事範囲、期間、連絡先（工事会社担当者）、などを書面にして工事担当者と一緒に回ればご挨拶もスムーズ

新常識
091

日常的に家宴会を楽しむ心得

↓頑張りすぎず、断らず、招かれたら招き返す

ゲストにも手伝ってもらおう

一人で大人数のもてなしは無理、ゲストにもどんどん手伝ってもらおう。持ち寄り品の切り分け、テーブルセッティング、人数に合わせた家具の移動、片付いていない時には掃除機かけもお願いして、早く乾杯できるよう準備している

お宅訪問と家宴会を日常の延長で気軽に楽しむ秘訣は、頑張り過ぎないことです。「自分で掘った竹の子料理」「ちりめん山椒をつくった」「朝搾りの新酒」「地元のお祭り」など宴会テーマを決めて、持ち寄り形式にして声がけしています。何もいらないと言っても手ぶらでは来る人はいないので、一緒に飲食できる物をリクエストしたり、地元の美味しいものをテイクアウトしたり、おおげさな準備やおもてなしはせず自分も楽しみます。

招待ハードルを上げないために、「片付いていない」と断りもしません。ゲストの目的も一緒に楽しむことであり、家の鑑賞ではないはず。ちょっとの恥より、楽しい時間の共有を優先。招かれたら嬉しいので遠慮なく伺い、お返しに招くことも忘れません。招いて招かれて、お宅訪問の宴会の輪が広がっていくのも楽しみです。

新常識
092

片付き具合を客観視する裏技

↓スマートフォンで撮影し、取材者目線で写真チェック

取材撮影で伺うお宅では、皆さん隅々までお掃除をして迎えて頂きます。しかし空間メインの撮影では、細かな床のホコリや窓の拭き掃除より、モノの量と置き場所が重要ポイント。撮影のアングルを決めたら、許可を得たうえでモノを移動したり量を減らしたり、角度を変えたりして、空間がより広く美しく見えるよう工夫します。

趣味のコレクションも数が多いと雑然と見え、便利なティッシュ箱にも生活感が。快適に暮らすために必要なものが過剰になっても、見慣れていると気付かないもの。来客前などに片付き具合を客観視するには、スマートフォンが便利です。住空間を自分で撮影して、その写真を取材者目線でチェックするのです。静止写真なら、日頃見慣れた空間も見せ所がどこか、ごちゃごちゃ感はないか、頑張りどころがわかるので、定期チェックを。

玄関からゲスト目線でチェック

来客時、ゲストの目には我が家がどう見えているのか、玄関から写真を撮って客観視。お花や絵を飾る位置はどこが一番効果的か、写真で比べてみると一目瞭然だ

新常識
093

大切なモノこそ日常使いに

↓しまい込まず、好きな物に囲まれて暮らす

空き家や遺品の整理で未使用の高級食器、アクセサリーや時計、着物などお宝ザクザク……。本人にしかわからない価値や思い出、出番待ちのままの品々に心が痛みます。小さく高価なものほどしまいこみやすく、目に触れないと存在さえ忘れてしまいます。

戦後のモノのない時代に育った母もしまい込むタイプですが、実家リノベーションのおかげでモノの発掘と把握ができました。人の片付けのお手伝いは、自らを振り返る機会になります。大切なものこそしまい込まず、見える収納で飾り、愛で、日常づかいに。どんな高級品でも、日用品は使ってこそ価値が生まれるもの。アンティークグラスが割れても、新たなお気に入りに出会うため、金継ぎで更に素敵に進化するチャンスかもしれない、と前向きに捉えるようにしています。

日常使いのきっかけに感謝

友人からの新居祝いは、素敵な備前の水指。そもそもは茶道具ながら、「ワインクーラーにでも」と粋な一言とともに。お茶会より家宴会の方が出番多いことは明白、きっかけを作っていただいたことにも感謝だ

新常識
094

身も心も軽くなるシンプルライフ

↓所有に拘らず、無駄を削ぎ落すと自由になる

捨てないコツは入口での見極めにあり

シンプルライフのコツは「捨てたくないから買う時は厳選」とのこと。レンタルでまず体験、厳選して買ったら古いものはすぐにリサイクルやメルカリに。ダイエットが摂取・消費カロリーで決まるように、モノの量も出入りのバランス次第。いったん家に入ると捨てるには労力とエネルギーを要する

モノの多さに悩んで断捨離や片づけが流行する一方で、最小限（ミニマル）なモノで暮らす、ミニマリストという生き方も注目されています。シンプルライフを実践し、無駄なものを削ぎ落し、本当に必要かつ好きなものだけに囲まれ、軽やかに暮らしている友人もいます。

空間と思考の整理を仕事にしているだけあって、お住まいはスッキリながら個性もキラリ。持ち家を手放した賃貸派で、私が知っているだけでもこの10年で5回も身軽にお引越し。これができるのも、シンプルライフならでは。インテリアや洋服などの持ち物は、少ないながら選び抜かれておしゃれ。所有に拘らない考え方は大変刺激的、収集癖のある私とは真逆で耳が痛いことも。私はミニマリストにはなれないけれど、自由で身軽な暮らしには憧れるので、少しずつ無駄を削ぎ落し中です。

新常識
095

自宅起業は夢を叶える近道

➡最少リスクでカフェ、お教室、ショップ、ギャラリー…

ライフワークや副業チャレンジで起業する場は、事務所や店舗の賃貸契約だけでなく、シェアオフィス、レンタルスペースなど選択肢が増えています。その中でも自宅起業は、職住一体で時間的ロスなく、家賃プレッシャーが軽減されることが最大のメリット。長期スパンで取り組めるため、夢へのハードルはぐんと下がります。

自宅サロンやお教室では、料理、紅茶、ワインなどの飲食系、音楽系のレッスン、刺繍やアートフラワーなど手仕事系、アロマ、カラーコーディネートなど美容系など、身近にも事例が豊富。カフェやギャラリー、物販用店舗などあらかじめ専用の設計が必要なものもあれば、簡単な改修や使い方変更で済むもの、立地や業種によって住まいへの影響や工夫も大小さまざま。住まいの持てる力を120%生かし、夢を叶える可能性を追求しましょう。

dream

古民家で起業!?

友人の古民家は、空いた部屋を民泊やレンタルスペースとして貸し出していて大人気。私自身は古民家で古道具や着物を扱う古物商、外国人向け民泊、和のワークショップなどをやってみたい

新常識
096

究極の小空間を家に外付け

↓小屋、キャンピングカー、トレーラーハウスなどで夢は広がる

一軒の家に全ての夢を詰め込もうとするとスペースも予算も足りないけれど、家の外に持ち出せば可能性は広がります。ＤＩＹで趣味の小屋を設けたり、車庫を改造して秘密基地やカフェにしたり。人気の小屋は、ＤＩＹ用キットなども発売されて裾野が広がっています。流行のサウナ小屋など、家と切り離した方が楽しめる空間もあります。

日本はとかく土地代が高いので、主たる住まいはミニマムサイズに。その分環境のいい場所に広い土地を別途購入してキャンプ生活をしながら小屋をＤＩＹする強者も。別荘の代わりにキャンピングカーを購入し、移動も楽しみながら日本一周をする旅行好きのご夫婦も。車輪がついて牽引できるトレーラーハウスなら、移動先であっという間にくつろぎの空間だけでなく、イベントスペースや災害時の仮設住宅にもなります。キャンピングカーやトレーラーハウスはレンタルできるので、購入前にお試ししてみるのもいいでしょう。

店舗を持つ夢をキッチンカーで叶えたり、ミニバンをＤＩＹで居心地のいい空間に仕上げて移動式オフィスにしたり、軽トラックを改造してキャンピングカー風にしたり。ひとつの家に全てを詰め込もうとせず、発想の転換とちょっとした工夫で切り分けて外付けできれば、叶う夢もあります。住まいの形はひとつではなく、夢の数だけあるのです。

外付け空間なら夢も叶う

小屋のDIYキットもある

建築確認申請や固定資産税が不要な10㎡未満の小屋はキットも発売されており、場所さえあればチャレンジしやすい。少し大きい10〜25㎡程度のタイニーハウスは、一般の住宅同様の土地固定タイプとトレーラーハウスなどアメリカでの主流の移動可能タイプに分かれる

キッチンカーで自分の店を

こだわりの焙煎コーヒーを提供するのが夢だった友人は、脱サラしてキッチンカーのコーヒー店主に転身。店舗を持つ夢をキッチンカーで叶え、様々なイベント会場に出没中だ

新常識
097

身の回りには先生がいっぱい

↓つくり手の顔が見える温かさ、プロフェッショナルの有難さ

鎌倉に移住して、買い物環境が激変しました。野菜は生産者の直売所、肉や魚の専門店、製麺所、製餡所など、大抵のものはスーパーに行かず個人店で揃えます。市場は季節や天候を反映するため欲しい品があるとは限りませんが、旬を実感でき、珍しい野菜や調理法を生産者に直で教えてもらう楽しみも。大好物のしらすは、不漁の日にあたれば明日の豊漁を願って冷凍品は買わずに我慢。専門店の職人さんたちの、プロフェッショナルな顔つきや独特の空気感、モノづくりへのこだわりを聞くだけで大いに刺激になります。

食べ物同様、服、山葡萄籠、アクセサリー、食器、花瓶、家具……お気に入りのものは、気付けば手づくりの一点ものが増えています。モノがあふれる時代、正直足りないものはなく、欲しいのは手づくりの温もりやつながりなのかもしれません。作り手の顔が見えるものは温かく、美味しく、心を豊かにしてくれます。

鎌倉駅前で「先生」と呼びかけると、皆が自分のことかと振り返る、というリアルな笑い話があります。設計士、医師、教師、作家、セミナー講師、料理家、陶芸家、画家、書家、手づくり教室主宰……、気づけば身の回りは各種プロフェッショナル揃い。おかげで私は、住まいと暮らしに関わる先生たちを沢山知るプロでもあります。

鎌倉にはたくさんの「先生」が

市場で旬を知る

市場は、プロである生産者さんとの会話が楽しい。並ぶ野菜が旬を物語り、珍しい野菜との出会いもある

コンプレックスも先生次第

毎年、新しい習い事に挑戦している。苦手だった書道も、書家の友人のカッコイイ字を見たら習いたくなった。子供の頃投げ出したピアノを、大人になって改めて楽しんでいる友人もいる。私もかつて挫折したヴァイオリンの師を探して再開したい

新常識
098

実家片付けはケンカしてでも着手

↓共通目的の確認と第三者の協力でスムーズに

「実家が空き家に」「家がモノで一杯」など、歳を重ねるほどに実家にまつわるお悩みも増えます。特に遠方では時間と費用負担も大きく、つい後回しに。親世代はとかくモノをため込みがち、明らかな不用品でも雑巾として使うなどと言われて始末できません。

そんな私の実家は、父が他界したタイミングで半ば強引にリノベーションを決行し、大きく進化しました（P140）。第三者であるリフォーム会社さんが介在することで、物理的に工事開始時期と工事範囲が明確になります。絶大なるご協力のもと住みながらの工事となり、日々片付けながら工事進行、リフォーム完成とともに大断捨離も終了。住みやすくなったのはもちろんですが、ケンカしながらでも判断力がある段階でどこに何があるか、大切にしている価値観はなにか、把握する貴重な機会となりました。

建て替えやリフォームだけでなく、「ひと部屋あけて孫が泊まれるように」など親も喜ぶ共通目的があれば、乗り気になることも。同じプロの手を借りるのであれば、亡くなってから遺品整理業者を頼るのではなく、生前に片付けや収納のプロと一緒に作業をすることでモチベーションも上がってスムーズに片付き、客観的把握もしやすくなります。実家の片付けは、第三者やプロをうまく使って、少しでも早く、一緒に取り掛かりましょう。

遺品整理で200万円出費より生前片付け

遺品整理の段階でプロの手を借りると、買取りで値段が付くものはわずか、急ぎの大量の不用品処分と差し引きで見積もりが200万円越え、という実話あり。これでは、故人を偲び、悲しみに浸る余裕もない。同じプロの手を借りるなら、ぜひ生前、一緒に。本人に要不要の確認をしながら思い出話も聞ける、貴重な機会に

住まいの終活も自分らしく

↓死ぬ時はシングルもファミリーも一人、思い立ったら準備を

「私自身が、いま、終活を始めなければ」。母の介護を念頭に「終活セミナー」に参加した最大の気付きは、当事者は母だけではなく私自身だという事でした。母は幸い手厚い年金をもらえる世代、しかも判断を任せる身内の私や弟がいます。しかし私は、シングル。今まで全て自分で選択した人生を歩んできたからこそ、この先他人に判断を委ねなければならない状況に備えた準備や意思表示が必要なのです。

終活の中でも特に「不動産」は、「動産」といわれる預貯金・自動車・貴金属に対して分けにくく（P53）、時間もかかり、相続トラブルの元になりがち。自分よりきっと長生きする不動産には、「相続」「贈与」「売却」など次のステップがあります。私も自分自身の終の棲家やお墓など、住まいの終活を考え始めました。ご紹介した住まい選びの優先順位の考え方は、そのまま高齢者住宅にも当てはまり、母の終の棲家選びもスムーズでした。

終活とは、家族や財産に恵まれた人が残される人のために準備するものではないのです。そもそもファミリーもカップルも、誰もが生まれる時と死ぬ時は一人。最後まで自分らしく生きるためには、誰もが年齢や家族状況に関係なく終活の当事者。思い立った今から、自分のために、周囲への意思表示や遺言書を残すなどの行動を起こしましょう。

終活に向けて今すぐリスト化

パスワードやカード類は増えていく一方、整理と管理が必須。よく使うはずのパスワードでさえ覚えきれないから、まずは自分でも忘れがちな銀行、PCや携帯など電子機器類、各種オンラインサービスなどの種類とパスワードを一覧に。預貯金は通帳のないオンライン銀行や電子マネー、不動産だけでなく会員権や借入金なども忘れずに。思い入れのあるモノは価値のわかる人に行き先指定、終末医療や終の棲家についての意思表示は明確に

新常識
100

自分が主役の家で暮らそう！

↓器に合わせて我慢する方がモッタイナイ

住まいの主役は、住まい手である家族や自分。そのつもりで購入したはずなのに、気付けば住まいという箱に合わせて窮屈に暮らしていませんか？

私がその現実に気付いたのは、自分のマンションに住んでから20年以上経って、実家で初めてリフォーム当事者になった時でした。リフォームのビフォー・アフターの劇的変化（P140）、そして長年の悩みが解決することに感動。仕事を通じて知っているつもりでしたが、実際に当事者になってみると想像を遥かに超えた破壊力です。その魔法体験を通して、いままで無意識に我慢して住まいに合わせて暮らしていたことを自覚し、それがいかに「モッタイナイ」かやっと気付いたのです。

仕事や他人事であれば、ライフスタイルに合わないことがよくわかるものです。築約50年の日本家屋である実家は、老いた母一人のライフスタイルには不適合どころか危険さえある状態。まだ住めるのにと腰が重い母を説得して、バリアフリーリフォームを実施したのです。それなのに肝心の自分自身のことは全く客観視できず、気に入って購入したはずのマンションの使い勝手が悪いからと、ずっと引っ越すことしか考えていませんでした。それが実家の課題を解決する体験を通して、自分のマンションにも引っ越しではなくリフォ

過去の経験を活かし、理想の未来に近づこう

誰しも、過去を変えることができない。しかし、過去からの学びを活かして自ら未来を創造することはできるもの。住みたい街や家、一度で全ての理想が叶わなくても、理想に一歩近づく選択をすることから運命は動き出す。暮らしの器次第で、ライフスタイルも自分も変わる

ームという選択肢があることを、ようやく認識できたのでした。

2度目のリフォームは、自宅マンションをライフスタイルにフィットした120%満足の間取りに（P142）。完璧な間取りを手にしたら、さらに欲が出て「海辺の街に住みたい」という夢も叶えたくなり、一目惚れした鎌倉の古民家（P215）購入（2度目）・リフォーム（3度目）に繋がります。

振り返ると、最初のリフォームが夢を我慢せず、「自分が主役の暮らし」への後押しになりました。長く住んでいると、当事者だからこそ現状への慣れもあり、自分の方が合わなくなった器に合わせて、小さくなって暮らしていたりするものです。使いにくいならリフォームすればいい、環境を変えたいなら引っ越せばいい。逃げの引っ越しを考えていた時は気に入る物件がなかなか長く迷走していたにもかかわらず、満足な間取りに変えたとたん、停滞していた運命も再び動き始めたのです。

新常識
101

100年先まで残る家、使い捨ての家

↓

10年ごとの住まいの最適化が長寿につながる

関東大震災の翌年、大正13年（1924年）築の我が家は、今年ちょうど百歳。震災直後の物資が乏しい時に建てられたせいか大変簡素な構造で、リノベーションでスケルトンにしてみてよく持ったと驚いたほど。頑強な古民家イメージとは程遠い、華奢な普通の民家なのです。

普通の家にも関わらず百年維持できた理由は、賃貸住宅として活用されていたからだと推測しています。賃借人に選んでもらえるレベルのメンテナンスを継続し、常に住まい手がいたことこそが長寿の秘訣。家は空き家になると、急速に痛みます。元の構造が堅牢な家であっても、適切なメンテナンスを怠ると新築時をピークに朽ちて、使い捨てられる家になってしまいます。住まいも暮らしも、10年ごとに定期健康診断。10年毎の最適化の積み重ねが、住まい手と家の長寿に繋がるのです。

家を守ると、守ってくれる相棒になる

年数なりに古びて痛んでいた今の古民家。懐かしさを感じて一目惚れして、リノベーションで寿命を延ばしたせいか、家はいつも私の帰りを優しく迎えてくれる（気がする）。これからも大切な相棒と労わりあうため、健康チェックとメンテナンスは欠かせない

5章

理想の住まい事例集

↓暮らし上手のご自宅拝見！

中屋さん一家が選んだ移住先は眼下に相模湾を見下ろす南熱海のみかん畑付きの中古一戸建て。四季ごとの実りがある畑は、「まさにイメージにぴったりでした」

家族で根を下ろす
理想の場所を求めて……

case 1

移住で叶えた絶景一軒家での理想の暮らし

静岡県熱海市

中屋邸（中古一戸建て）

家族構成：夫・深志さん（会社員）＋妻・香織さん（ライフスタイルデザイナー）＋長女（小学生）

前の住人が残してくれた実り豊かな畑も決め手のひとつ。「四季を通じて畑からの恵みを頂いています。」盛夏のこの日は、ブルーベリー、トマト、紫蘇などを収穫

無理ない予算×理想の環境＝移住、脱都会で南熱海へ

美しい海を見下ろし、豊かな緑が広がる南熱海、この自然の中に佇む畑付きの絶景一軒家が中屋さんのお住まいです。神奈川県川崎市にある夫・深志さんの実家で2世帯5人で暮らしていたものの、長女の小学校入学を前に家族3人で根を下ろす場所を決めようと家探しスタート。「夫からは家探しを一任されました」、と妻の香織さん。というのも香織さん、中古マンションの買取・再販会社と不動産仲介会社で通算13年キャリアを積んできた物件目利きのプロなのです。

予算は、無理なく理想の住居費6～7万から割り出して約3000万円。500万円程度のリフォーム工事を見込んで物件価格2500万円で探し始めたものの、周辺であるのは古くて狭いマンションのみ。「家族で根を下ろす場所が、ただのコンクリートの箱なんて……。豊かな日常のため、住むエリアの変更は必然でした」。

1F／8.11m²　2F／74.08m²

advice

理想の暮らしを具体的に明文化しよう
（香織さんの場合）

・朝5時起床、朝日を浴びて海辺を散歩
・自分の畑で採れたものや地元食材で料理
・カフェのようなリビングで朝はゆっくりお茶
・子供の帰宅時に「お帰り」と声をかける
・街づくりに関わる仕事をする
・夜10時就寝

静岡県浜松市出身の香織さんは、元々都会での子育てに違和感があったと言います。そこで実際に海沿いに千葉県からぐるりと神奈川県小田原や静岡県浜松まで、広範囲の街イベントに参加。街づくりに興味があったこともあり、イベントを通じて街の雰囲気、環境、人など多方面からチェックしました。

街イベントでエリアを探し、気付けばすべての理想が現実に

熱海との出会いも、２０１６年9月の街イベント。ここで街の魅力や街づくりの可能性を実感し、熱海でも市街地を少し離れたら畑付きの家も夢ではないとの情報もキャッチ。早速同じ9月に家族で南熱海のお祭りに参加した際、「偶然東京に通勤する方とご一緒したことで、夫の移住ハードルも下がったようです」。住みたい街が決まってからはとんとん拍子、12月に現在の住まいと出会い、契約。翌３月に転居、4月には家から徒歩10分の小学校入学が叶うという、スピード移住でした。

新居のリビングには大きな窓があり、カーテンを引かないと光が眩しすぎるほど。窓から見下ろす街や海は、いくら見ても飽きません。裏庭には、実り豊かな畑。家探しの際にイメージした「新居での理想の暮らし」（上コラム）、移住前は何ひとつできていなかったことが、いまは早起き以外はすべて実現済といいます。

「中古住宅なので立地や眺めは気に入ったものの、外観や内装は好みじゃないし、子供部屋も欲しかった。理想に近づけるため、住みながらＤＩＹに挑戦しました」。素材選びにこだわったというリビングは素人離れしたセンスと仕上がり。「当初はＤＩＹに関心がなかった夫も、自ら図面を引いて和室を改造してくれました。」

（上）海に面した絶景の2階リビング。2面の窓から降り注ぐ陽射しは眩しいほどの日当たりの良さ。（右下）グリーンもすくすくと育つ。（左下）広々と空が抜けて心地よいウッドデッキは家族3人の第二のリビングだ

リビングに対面するカウンターキッチンも開放的で絶景が楽しめる。畑の恵みを生かした梅ジュースなどの手づくり品もズラリ。この日もシナモンが効いた爽やかな梅ジュースをいただいた

物件選びでこだわったのはリビングとキッチン。リビングの床はDIYで無垢のフローリングに、梁を活かして設けたハンモックは、家族全員のお気に入り

日々の工夫で 生活を豊かに……

リビングの収納などは全て住みながらDIY。実践を重ねて腕も上がり、資格も取得し、リノベーションデザインの講師を務めるまでに

(左) 玄関前にある完成度の高いバイク小屋も、なんとDIY。深志さんのオートバイを始め趣味の道具が一杯。(右) LDKに繋がる階段ホールはガラス入りの木製の扉で明るく。和室への出入り口は壁にして、黒板になるペンキでDIY

自らの移住体験とキャリアを活かして住まい選びを支援

都会っ子で、道で蟻を見て立ちすくんでいた長女も、ダンスなどの習い事ですっかり活発に。いまは香織さんも一緒にダンスも楽しむなど嬉しい変化も。深志さんもリモートと通勤を使い分け、負担なく移住生活を楽しんでいます。

香織さん自身もコロナをきっかけに移住サポートやライフスタイルデザイナーとしての仕事が増えたといいます。「ご夫婦間の意見調整、条件の具体化、移住に向けての段取りなど個別コンサルティングやカウンセリング、DIYや空き家活用のセミナー開催など、自分の体験を街づくりやコミュニティづくりなどにもフル活用しています。子供にもお母さんお仕事面白そう、と言われるのが嬉しいですね」と笑顔で話す香織さん、いまや熱海の有名人です。

advice

物件探しをする前に理想の暮らしを明確化

中屋さんが移住コンサルティングする際も、理想の暮らしの明確化から始めるという。「理想があいまいなままなんとなく物件見学する人が多いのですが、『時間がもったいない、まだ見ちゃダメ』と制して、考える時間にあててもらいます。何が嫌でどうなったら幸せか、判断軸が具体化するまで徹底的に考えて、具体的イメージができたらその暮らしが実現できる環境と相場に合う街探し、物件探しは最後です」。実際に中屋さんも、移住にもかかわらず物件見学は3軒で即決、というスムーズさ。

宅地建物取引士の資格も持ち、ライフスタイルデザイナーとして住まい相談や講演など幅広く活躍する香織さん。自分らしい暮らし・移住をサポートする「AtamiStayle（アタミステイル）」（https://nakayakaori.com/）主催

case 2

賃貸で家に縛られず選びぬいた「好き」に囲まれる創作の拠点

神奈川県鎌倉市　高井&藍田邸（賃貸マンション）

家族構成：高井鉄郎さん（山葡萄籠職人）＋藍田留美子さん（ngumiti 蔵前マネージャー）

約65m²（2LDK）

ヴィンテージマンションの共用スペースにはプールと海が見渡せる屋上があり、花火大会などのイベント時には、多くの友人たちが集合する

持ち家を売却し、好きな街のヴィンテージマンションへ

築50年超のプール付きヴィンテージマンションにお住いの高井さんと藍田さんは、共に手仕事職人。鎌倉市の「パートナーシップ宣誓制度」による事実婚を選んだお二人、以前は神奈川県横浜市の高井さん自ら図面を描いて建てたこだわりの一戸建て6SLDKにお住まいでした。しかし、かつては家族6人で住んでいた家も、子供たちは独立、前妻を亡くし、藍田さんとの二人暮らしにも広すぎました。週末ごとにサーフィンや街歩きで通っていたこともあり、鎌倉への転居を考え始めました。

まずは鎌倉にアパートを借り、一年半ほど2拠点で生活。街にも慣れて友人も増えたタイミングで、持ち家の売却と鎌倉での新居探しを決意。一戸建てもすぐに買

ソファカバーは藍田さんが30年愛用しているラルフローレンのウールスローブランケット。クッションは染色家の柚木沙弥郎さんのデザイン。ファブリックを中心に、時代や国籍も違うものが一体となった、温もりあるコーディネートに

お2人で訪れた民藝展のポスターや高井さん作の山葡萄籠も全てディスプレイしてインテリアの一部に

い手がつき、沢山の物件見学した甲斐あって、希望通りのいまの家とも出会います。最大の難関は、一戸建てと仮住まいアパートの2か所から2LDKの新居に移るための荷物整理でした。広い家に家族6人、36年分蓄積されたモノは莫大、かつ引っ越しまでの時間もなく、引取り業者の見積もりはなんと150万円。お宝も含めた荷物全てまとめて半額以下で引きとってもらったものの、モノの処分の大変さを思い知ることに。かつては値札を一桁見間違えても買ったという高井さんも、2LDKに収まる範囲で一生付き合えるものを厳選しようと、意識を変えるきっかけとなりました。

住まいも仕事場もその時の最適に合わせてフレキシブルに

新居は、コンパクトながら使いやすい2LDK。「以前に比べると狭く収納も少ないものの、マンションは暖かく、欲しいものにすぐ手が届き、鍵ひとつで戸締り完了するので便利ですね」と高井さん。お二人の審美眼に叶った家具・ファブリック・器などがインテリアショップ勤務の経験もある藍田さんのセンスでレイアウトされ、まさに「好きなものだけに囲まれた暮らし」を体現した空間に。

山葡萄籠づくりや店頭のウインドウや黒板を手書きで彩る手仕事職人の二人は、自宅での作業や仕事道具も多数。自宅兼仕事場だった新居もすぐに手狭になり、山葡萄籠ワークショップ開催のため隣駅にアトリエを追加で賃貸し、更に都内でショールームの企画運営も開始。「家に縛られず、状況に応じてサイズアップ・ダウンしやすいのも、賃貸の魅力ですね」と高井さん。一日一万歩以上歩き、街にも知り合いがいっぱい。常に行動し新しいものを生み出すお二人から、目が離せません。

（上・左下）藍田さんが前職の退職金を注ぎ込んで入手したという地元岩手の岩谷堂箪笥をはじめ、器や仕事道具などすべてが厳選されたお気に入りのものばかりなので、見せる収納が基本。更に多肉植物を天井から吊るすなど、縦空間も活用している（右下）仕事部屋に置いた衣類収納の壁面には、ボディボードなど趣味の道具を掛けて見せる収納に

限られた空間には好きなものだけを

（上）2LDKの個室2部屋は、寝室と当初は高井さんのアトリエとして使用。山葡萄籠のワークショップを開催するためアトリエを別に借りた後は、藍田さんの仕事スペースに（右）リビングの白い壁にはお気に入りの布で彩りを

築古物件は家賃がリーズナブルながら、収納が少ないという注意点も。「ここはキッチンのカウンターも、リビングなどの壁面収納も、全て作り付けで助かりました。じっくり探せば古くても使いやすい物件もありますよと藍田さん。寝室は木製の壁で落ち着いた雰囲気。明るい窓辺にはたくさんの多肉植物が

マンション屋上の共用スペースからは、鎌倉の海岸が一望できる。以前は毎週サーフィンに通っていたが、今はもっぱら散歩や友人達との交流に忙しく海はご無沙汰とのこと

advice

お宝物件はフットワークとネットワークで探す

「賃料10万円台前半」「駅近」「2LDK」というお宝物件に出会えた秘訣は、フットワーク。「今のマンションは別物件の見学後、更に現地からスマホで物件検索。その足で追加見学して、気に入って即決しました。」と藍田さん。「旧アトリエは知人の紹介、つまり口コミ。新アトリエは周辺を歩きまわって見つけました」とフットワークとネットワークを駆使している。

2021年開設の極楽寺アトリエにて。築古物件ながらセンスいいリフォームで使い勝手良かったが修繕工事のため2023年近所に移転。このフレキシブルさも賃貸ならでは

「Nicchia imakohji」（ニッキア今小路）のマークは好きな切り絵作家の早川鉄平さんに依頼、扱うのは主に撮影などで使われたUSED食器だ

case 3

土地との出会いが縁を繋いだ職住一体の家

神奈川県鎌倉市 城田邸（新築一戸建て）

家族構成：夫・順一さん（会社員）＋妻・沢子さん（器やニッキア今小路オーナー）

店舗向きの土地と出会い、自宅兼店舗の建築・開店へ

駅に近く、鎌倉らしい趣がある今小路通り。休日に好きな鎌倉を散歩中に商店街から一歩入った土地に偶然巡り合ったことから、自宅兼店舗の器や・ニッキア今小路は誕生しました。当時外資系会社勤務だった順一さんと、教育関係の仕事をしつつ「ほぼ専業主婦でした」という沢子さん。かねてから共通の知人の倉庫に眠るUSED食器を世に送り出したいと思いつつ、具体的なプランがあったわけでもなく、日々忙しく休日もそれぞれに過ごすライフスタイルだったといいます。

それまでのお住まいは、順一さんの実家である藤沢市鵠沼に約30年前に建てた二世帯住宅。そこでお父様を見送り、要介護になったお母様のためリフォーム工事をした直後にお母様も他界、二世帯住宅の半分が空き家に。そんなタイミングで店舗付き住宅に理想的な土地と出会い、理想の住まい像と気になっていた食器が運命的

寝室
書斎・収納
D
テラス
K
L
2F
和室
浴室
N
駐車場
店舗
1F

1F／60.01m² 2F／60.01m²
（うち店舗16.18m²）

「USED食器は一点もの。在庫全てを展示できないので、お客様に合いそうなものを提案してマッチングすると嬉しいですね」と沢子さんも一期一会の接客を楽しんでいるご様子だ

に結びつくのを感じたという順一さん。問い合わせたところ想像以上の大幅予算オーバーと判明しますが、一度決めると突っ走るタイプ。自宅売却、早期退職に応募して退職金獲得、新たな住宅ローン申込みなど、あの手この手で資金調達。仕事も住む場所も全てリセットし、一目惚れした土地で第二の人生が動き出したのです。

夫婦協働のショップが新たな出会いを生み、家にいるだけで幸せ

こうしてモノトーンの洒落た外観の自宅兼店舗が完成。週末オープンするショップでは、主に撮影などで使われただけで倉庫に眠っていた一点ものの器などをリーズナブルな価格で販売。運営にあたっては、沢子さんがお店に立って接客、順一さんは仕入れ担当として協働しています。運命だからと突っ走る順一さんに対し、当初は「本当にお店をやるの？」と半信半疑だったという沢子さん。接客経験もありませんでしたが、いまではお客様のお顔や好みもすっかり把握して、「一点ものの器とお客様の出会いを見届けるのが楽しい」と笑います。

「貯金がなくなったどころか新たなローンも加わり、仕事もダブルワークです。それでも新しい出会いと刺激のおかげで寿命がのびた気がします。家にいるだけで幸せなんです」と順一さん。「売り上げはまだまだこれからですが、自宅兼店舗だからこそ続けられるのもありがたいですね」と沢子さん。週末ごとに散歩していた好きな街に住み、お店のおかげで新たな出会いが広がり、次々にやりたいことが生まれてくる。180度変化したというライフスタイルですが、お二人ともそれぞれに第2の人生を満喫しています。

四季を通じて
快適に過ごせる空間

二度目の注文住宅建築、しかも順一さんは建築学科卒・ハウスメーカー勤務経験ありというエキスパート。30年ぶりの家づくりでは、特に住宅設備や建材の飛躍的進化に驚いたという。「暖炉はバイオエタノール、その暖炉周りがインテリアのポイントになるので悩みました。この錆風タイルは、好みのイメージをWEBサービスの『Pinterest』（ピンタレスト）で共有して提案してもらったもの。建材もコミュニケーション手段も進化していますね」

床暖房で快適な2階ダイニング（左上）、コンパクトながら使い勝手のいい2階キッチン（右上）、ウオークインクロゼットと繋がる2階ワークスペース（左下）。唯一の後悔ポイントは1階の和室（右下）が中途半端な大きさになったこと。引っ越しに際して諦めたことは車、駐車スペースの関係で2台あった車を一台にしている

リビングの北側大開口はトリプルガラス。「以前は夏暑かったのですが今は快適、冬も北側ながらガラスに近づいてもひんやりさえしません」、と断熱効果に大満足

advice

予算はオーバーしても住んでからの快適性を重視

前の家は南向きの大きな窓で明るいものの夏はとにかく暑く、今回は窓の断熱性能にこだわった。ペアガラスでなくトリプルガラスがあると知り、「担当者にはスペック・予算ともにオーバーといわれましたが、住んでからの快適さには代えられない」とトリプルを選択。「南向きのリビングがよい」という一般常識にとらわれず、迷ったものも可能な限りあらかじめ採用。「住んで後悔しても、追加工事は大変ですからね」と順一さん。

土地は建築条件付きだったため、設計・施工は「エバーグリーンホーム」に依頼。「開口部に工夫を」というリクエストに対し、隣家が迫る南側は閉じて中庭で直射日光が当たらない北側に大開口を設ける斬新なプランで応えた

case 4

古民家の風情を残し間取り・設備を最新化人が集う和める家に

神奈川県鎌倉市｜長井邸（古民家リノベ）

家族構成：長井純子（住まいと暮らしのコンサルタント）

室内と庭が近く、自然を身近に感じる小さな平屋。建物は外観と柱や梁を残し、室内をフルリノベーションした

上部小屋裏収納　延床面積：約65.28㎡

いつか住みたかった海辺の街で古民家と出会う

「なぜ一人で鎌倉の古民家に」とよく聞かれます。大好きだった祖父母宅が、海辺にあったから。小学校4年間を米国で過ごし、日本の伝統文化へのリスペクトが心に刻まれていたから。仕事で多くの家を見てきて、住まいにも自分らしさや個性を求めていたから。理由は色々ありますが、「いつか海辺の街に住む」と思い続け、その夢を先延ばしせず実現しようと決めたのが2015年の春でした。

理想の街を求めて、運転できないため駅近エリア限定で物件探しを開始。リノベーション前提でマンションも含めて検討、偶然出会ったのが今の古民家です。当時すでに築90年超の簡素な木造平屋は、普通なら躊躇するボロ具合。しかし建物は如何様にも変更可能と考えていたため、ボロさも逆に魅力で「私を待っていてくれた」とさえ思いました。そう、海辺の街の小さな平屋に、一目惚れだったのです。

引き戸を開放することで、室内外の空間がひとつに。縁側やデッキも室内延長のプラスα空間として大活躍

築百年の外観と機能的な間取りの「懐かしく新しい家」に

物件価格が予算オーバーだったため、外壁やサッシなど使えるものは全て利用するなどリノベーション工事で総予算を調整しました。とはいえ畳をめくるとすぐに外の地面が見える、隙間風が当たり前の家は我慢できません。年間通じて快適に暮らせるよう、完成すると見えなくなる断熱や耐震補強は、最優先しました。

細分化された3DKの間取りは、玄関やキッチン位置などスケルトンから全面変更して、シンプルで開放感ある2LDKに。設備は中の上レベルから厳選、床暖房は諦め、いくつかの工事を後回しにして、予算をやりくりしました。

古民家らしい外観や柱・梁と新しく機能的な室内、これらを融合してくれたのが古道具です。他の取り壊された家からきた建具、友人から譲られたアンティーク家具、古道具市の掘り出し物……。出自の異なるものが集まり、いいバランスを醸し出し、新しいのに懐かしい、等身大の自分らしい家になりました。

住み始めて、約8年。生活の軸が仕事から暮らしに移り、振り返れば様々な変化が生じています。ハイヒールはフラット靴やビーサンに、虫が苦手でも日々庭の手入れに追われ、古き良きものを愛で、和の趣味や手作りを楽しみ……。予想もしなかったことに次々興味が広がり、学びや刺激も多くストレスフリーです。

古民家は大正13（1924）年、関東大震災の翌年に完成で今年ちょうど百歳。そんな家の節目に、住まい手として共に時を重ねていることにご縁を感じます。人生の大先輩であるこの家は、私の城であり、相棒であり、大切な師なのです。

外観はメンテナンスのみでそのまま生かし、室内は玄関や水回りの位置など全変更。古い家ゆえ少しずつ手を入れていて、最新の工事はウリン材のデッキ。大谷石のデッキや庭は、友人のDIYだ

家の中心にある和室6畳。位置はそのまま引き戸でLDKや廊下と繋ぎ、上部は屋根勾配を生かして小屋裏収納に。エアコンは天袋内に設置して、木製建具で目隠しした

after

before

暗かったキッチンは、位置を変更してL型のシステムキッチン（グラフテクト社）に。ビルトインの食器洗浄機は来客時の強い味方だ

before

もっとも日当たりのいい南の和室6畳を、リビングに。間仕切りを取り、天井も抜いて梁を出して縦横に空間がグンと広がった

after

※ before写真：著者提供

暗く狭かった空間に縦と横の開放感を

after

before

和室と縁側は新旧変わらない、古民家のシンボル的存在。隣接する空間の天井を抜いて高さを出し、引き戸で空間をつなげて広がりを

before

暗く狭かった昔の玄関。その木製建具は、新しい玄関で収納扉として活躍している

advice

リノベーションで建物寿命も延ばす

敷地に余裕はあるものの、増築すると木の外壁を準耐火仕様に変えなければならなかったため、建物形状はそのまま中の間取りを変更しました。柱の一本でも残ればリノベーションだけに、相見積もりをした４社の提案は様々。設計・施工をお願いした「リフォーム工房」は、斬新なプランだけでなく耐震性など総合的に考えた提案で、建物寿命も延ばしてくれた恩人。リノベーションはインテリアや間取りはもちろん、建物の性能こそ重要ポイントなのです。

ダイニングの家具は、20年物のセブンチェア以外全て引っ越してから縁あって集まった古道具。置き水屋は普段は来客用グラスや小皿などを入れて食器棚として、お茶会では水屋と2way使用

寝室には、和室上部の8畳大の小屋裏収納に通じる階段を新設。平屋の屋根勾配を生かした収納だけに天井は低いが、着物や書籍などモノが多い私のありがたい隠し部屋に

古い柱と梁と新規の内装を古道具が繋いで

洗面室の引き戸やリビングの造り付け収納の扉は、解体した古民家から友人がレスキューした建具を譲り受け、加工してもらったもの。年月が刻まれた木の風合いが、インテリアのポイントだ

人を繋ぎ、運命も変える、家って深くて面白い！

溢れる感謝をあとがきに変えて

「本を書こう」と思ったのは、コロナ禍がきっかけでした。天職と思っていた事例取材が外出禁止でできなくなり、オンラインではテンションが上がらず。そこで働き方を見直し、改めて一番やりたいことは何かを考えました。そして、一時停止したなかで生まれた時間は「時間がないからできない」と後回しにしていたことに使う、と決めたのです。

これまで個別によく相談されたことをまとめて、家選びに役立ててもらいたい。私自身の成功や失敗も含めて、教科書的でないリアルな情報を提供しよう。そんな気持ちで書き始めたものの、コロナ禍は長引き、最新情報も入れようと欲張っているうちに、気付けば着手から3年以上の難産に。その間、早々に取材したお宅のお子さんは小学生から中学生になり、戦争が始まり、建築コストやエネルギーコストは急上昇。世の中の「当たり前」は、いまも変化を続けています。

仕事の総括のつもりが、住まいを通じて人生を振り返ることにもなりました。今まで住んできた6軒の家は、潜在意識に多大なる影響を与え、現在へと導いていたのです。生まれ育った社宅は「家」への強い憧れを、幼少期に過ごした祖父母の家は海辺の暮らしの素晴らしさを、米国シカゴの家は多国籍な環境の中で守るべき個性の重要さを、両親が選んだ実家は鎌倉の古民家にも通じる日本建築の奥深さを、購入したマンションは仕事と家の面白さを、それぞれ教えてくれました。

今年百歳を迎える鎌倉の古民家は、大切な暮らしのパートナーであるだけでなく、たくさんの人や地域とのご縁も繋いでくれました。フラリと人が集まりやすい家に住み、いい大人になってからも世代を超えた友人が増え、各分野のプロフエッショナルに囲まれ刺激と彩りがあり、ちょっと足を延ばせば豊かな自然……。まさに引っ越し前に掲げた理想である「海辺の街の宴会仕様の家」で、想像を超えた充実した暮らしを送っています。これも家の持つコミュニケーション力のおかげ、大切に共に歩んでいきたいと思っています。

改めてこの場を借りて、ゼロスタートの新入社員時代から現在に至るまで仕事や家の魅力を教えていただき、公私共々お世話になった方々に感謝を申し上げます。そして取材協力や家ネタをご提供頂いた皆様、本書を形にするにあたって多大なる尽力をいただいた編集の久保さんを始め関係者の皆様にも、厚く御礼を申し上げます。人生100年時代、私自身もまだまだこれから新たな出会いや選択があるはずで、それがとても楽しみです。読者の皆様にも、運命を変える家との幸せな出会いがありますよう、心からのエールをおくります。

ありがとうございました!!

2024年7月吉日　長井純子

長井純子

慶應義塾大学文学部卒業後、株式会社リクルート入社。注文住宅、リフォーム、賃貸、別荘・リゾートなど現SUUMOの前身となる住宅誌の編集長を務め、2011年独立。住宅取材歴は30年以上に渡り、フリーランスとして企画・編集・執筆に携わる。プライベートでは2度の住宅購入と3度のリノベーションを実体験し、現在は鎌倉の築百年の古民家に住む。趣味は建物探訪と住宅相談、古き良きものと家をこよなく愛す「住まいと暮らしのコンサルタント」

10年後に後悔しない
住まいの新常識101

2024年7月29日　初版第一刷発行

著者　長井純子

発行者　三輪浩之

発行所　株式会社エクスナレッジ
〒106-0032
東京都港区六本木7-2-26
https://www.xknowledge.co.jp/

問合せ先　編集　Tel：03-3403-1381
Fax：03-3403-1345
info@xknowledge.co.jp
販売　Tel：03-3403-1321
Fax：03-3403-1829